Venezia in cucina
The flavours of Venice

A cura di *Edited by* **Cinzia Armanini** e **Alberta Magris**
Fotografie di *Photographs by* **Laurent Grandadam**

80 ricette della tradizione (e non)
80 traditional and non-traditional recipes

SiME | BOOKS

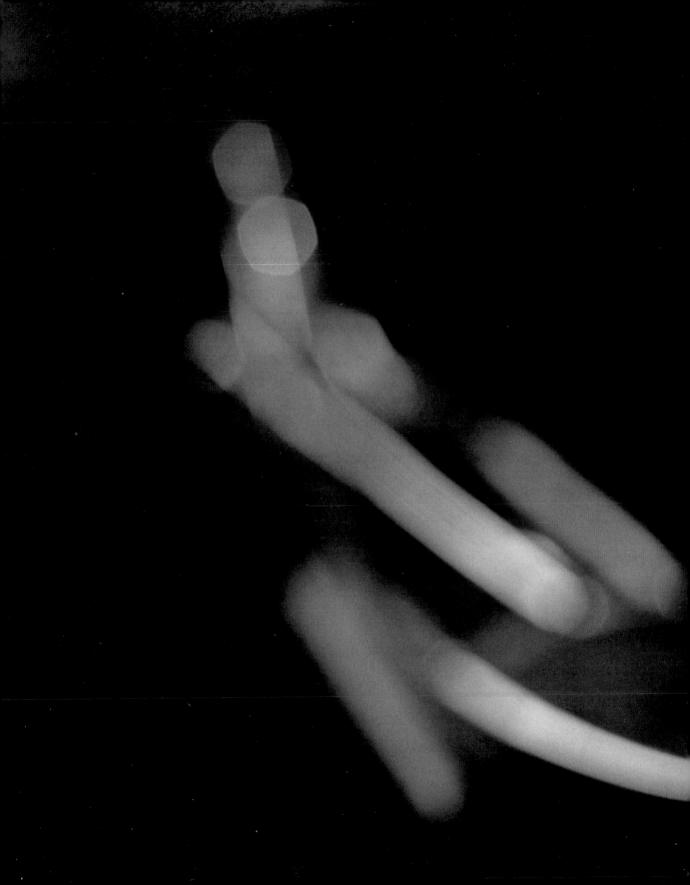

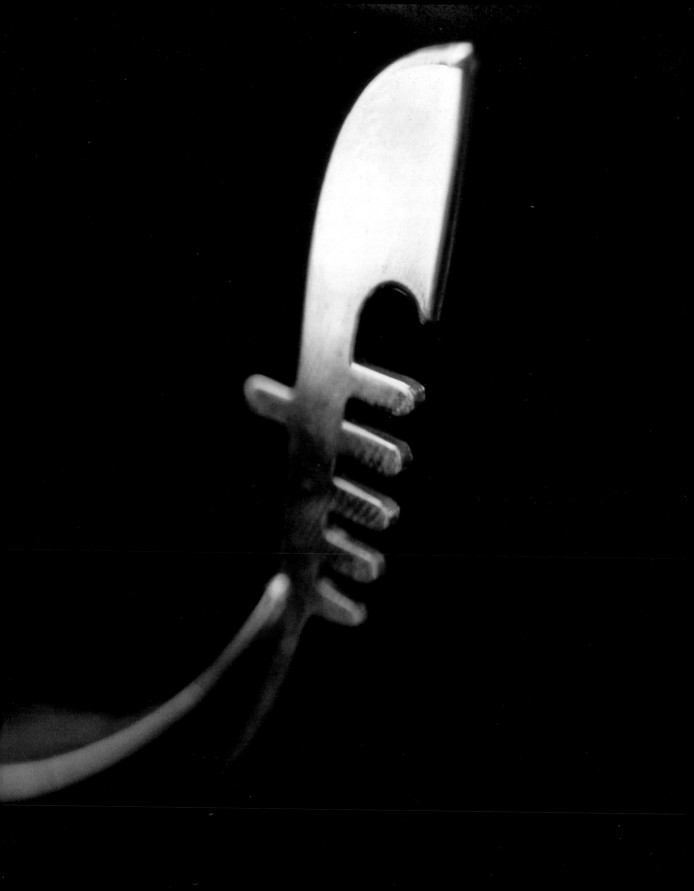

Sommario
Contents

Difficoltà delle ricette *Recipe difficulty:*

■ ☐ ☐ facile *easy*

■ ■ ☐ media *medium*

■ ■ ■ elevata *hard*

Palude

Carbonera

del

Tessera

Campalto

S.Secondo

Sacca Serenella

Venezia

Murano

San Michele

Lazzaret
Nuovo

Canale

della

Giudecca

la Certosa

la Giudecca

Forte
di S.An

San Giorgio
Maggiore

la Grazia

S.Elena

Sacca Sèssola

San Sèrvolo

S.Nicolò

San Clemente

Buel del Lovo

Monte

Giacomo
Palude

Madonna
del Monte

Mazzorbo

Torcello

Santa Cristina

Burano

San Francesco
del Deserto

Sant'Erasmo

Litorale di Sant'Erasmo

Canale di Treporti

Punta Sabbioni

15 Venezia autentica
Authentic Venice

Venezia è da sempre città di scambi e commerci. La sua cucina, espressione profonda dell'identità del territorio, non è rimasta immune dalle contaminazioni con le altre culture. La necessità di conservare il cibo durante i lunghi viaggi per mare e i fortissimi legami con l'Oriente, da cui ha importato l'utilizzo delle spezie, hanno dato alle ricette sapori inaspettati. Ma nei sapori dei suoi piatti c'è qualcosa di più del passato commerciale di questa città. Per scoprirlo è necessario approdare sulle isole della laguna, dove i ristoranti propongono l'autentica cucina veneziana tradizionale. I cuochi, impegnati nella ricerca dei sapori antichi, hanno recuperato prodotti locali come, per esempio, le erbe di barena, un tempo molto utilizzate. Le barene sono terre periodicamente sommerse dalle maree: sul loro "suolo salso" possono crescere solo certi tipi di piante e nel loro gusto si ritrova proprio questo carattere di eccezionalità. La conoscenza del territorio è fondamentale per ritrovare tutti i sapori autentici di questa cucina. Si impara anche che una delle sue peculiarità è il *caigo*, la tipica nebbia della laguna veneziana, così fitta che non si vede a un palmo di naso. Quando arriva, la vita in laguna sembra

Venice has always been a bustling trading city. Its cuisine is the most profound expression of a territorial identity and was not immune to contaminations by other cultures. The need to preserve food during long sea journeys and strong links with the Far East, the origin of the city's imported spices, generated recipes with unexpected flavours.
Nonetheless, the flavour of Venetian dishes reveals something more that its commercial past. To discover what that is, you have to sail to the lagoon's islands, where the restaurants offer authentic traditional Venetian cuisine. Cooks busy in their quest to revive ancient dishes have recovered local products that include the once-popular "barena herbs".
A "barena" is a saltmarsh periodically submerged by the tides and its "salty soil" allows only certain types of plants to prosper, with the result that they reflect this unique habitat in their flavour.
An awareness of the territory is fundamental for discovering the authentic flavours of this cuisine. Another unique event you may discover is the "caigo", the typical Venetian lagoon fog so thick it is impossible to see beyond the end of your nose. When it starts, life in the lagoon seems to be suspended in time as the boats stop and

rimanere sospesa, le barche sono ferme e i collegamenti con Venezia e la terraferma sono interrotti. È allora il momento giusto per scambiare due chiacchiere con i pescatori, anche loro costretti a rimanere a terra. Uno di loro magari ti racconta di quando ha dipinto la sua casa color turchese, come il mare. Di come gli sembrava bello vicino al rosso corallo della casa accanto, e soprattutto che in questo modo riusciva un po' a cacciar via il grigio di questa nebbia, che quando arriva scolora il cielo e il mare, e a volte anche l'umore... Allora tanto vale andare a bere un'*ombra* di vino e mangiare un *cicchetto*. In osteria trovi anche chi la mattina doveva consegnare la frutta a Rialto ma, come tutti, è rimasto bloccato dal *caigo*. "I sapori" dice "almeno quelli, non scolorano mai, nemmeno quando c'è il nebbione *che no se vede un'ostrega*". Ma quando si può uscire a pescare, nelle acque della laguna si trova tutto il pesce della cucina veneziana: sarde, mormore, *bisate* e una grandissima varietà di molluschi e crostacei. Purtroppo non sono più tanti gli uomini che conoscono questa zona palmo a palmo tramandandosi i segreti della pesca in laguna. È duro fare il pescatore oggi, i ragazzi si spostano in terraferma, dove

connections between Venice and the mainland are interrupted. What better time to chat with the fishermen, who are also landlocked. Maybe one of them will tell you about the time he painted his house as turquoise as the colour of the sea. How lovely it looked next to the coral red of his neighbour's house and, above all, how it helped to disperse some of this foggy grey that washes out the sky and the sea, and sometimes even your mood ... So why not go and have an "ombra" of wine and eat a "cicchetto" with it. In the tavern you will even bump into the porter who should have been delivering fruit to Rialto but is stuck like everyone else, because of the caigo. "At least the flavours," he says "don't lose their colour, even when the fog's so thick you can't see your hand in front of your face." But when it is possible to fish, the lagoon provides a bounty of varieties that are the secret of Venetian cuisine: pilchards, striped bream, eel, and a huge selection of shellfish. Sadly, the fishermen who know this area like the back of their hands are now few and far between, so the lagoon's fishing secrets are no longer handed down. It is tough being a fisherman today: young folk move to the mainland, where life is easier, yet for those who choose to stay, there is a craft

la vita è più facile. Ma per chi rimane, c'è un mestiere da imparare, ma ancora di più un intero mondo da preservare. Per fortuna ci sono le donne, formiche operose sempre indaffarate, che non hanno il tempo per intristirsi. Quando hanno finito di sistemare tutta la casa, le trovi con il tombolo, sedute in calle con le amiche, a ricamare il merletto alla luce del sole, che ormai gli occhi non sono più buoni come una volta. Passato il grigio delle nebbie, nelle isole esplodono tutte le tonalità dei verdi. Finalmente ecco Mazzorbo, Sant'Erasmo, Torcello, Murano, Vignole… Non te le aspetti ricche di orti e persino di vigneti, così rigogliose in un contesto che si immagina tutto di pietra, con la terra che sa di creta e di sale e gli ortaggi che hanno sapori che nemmeno sospetti. Già nel 1600 il cartografo francescano Vincenzo Maria Coronelli scriveva: "Fra le isole che fanno argine alla Laguna di Venezia, si communera quella di Sant'Erasmo con belle vigne e giardini, da' quali si somministra alla Metropoli quantità di erbaggi e frutti perfetti…". Questo è sempre stata la laguna: la dispensa dei sapori di Venezia.

to learn and, more than that, an entire world to be protected. Luckily there are the women to rely on, those worker bees always on the go, with no time to feel sorry for themselves. When the housework is done, you will see them sitting in the lanes, with their friends, concentrating hard on their pillow lace out in the sunshine, even though their eyesight is no longer what it was. Once the grey fog has lifted, the islands bloom in every shade of green. At last you see Mazzorbo, Sant'Erasmo, Torcello, Murano, Vignole… What a surprise to observe their lavish vegetable plots, and even vineyards, flourishing in a setting you might have imagined as stony, but with a soil redolent with clay and salt, and vegetables exploding with flavour that beggars belief. As early as the 1600s, the Franciscan mapmaker Vincenzo Maria Coronelli wrote: "Amongst the islands that border the Lagoon of Venice, note that of Sant'Erasmo, with its lovely vines and gardens, which provide such a quantity of perfect fruit and vegetables to the city…" This is the story of the lagoon: the pantry storing all the flavours of Venice.

Antipasti e cicchetti

Antipastos and "cicchetti"

Spritz Aperol veneziano
Venetian Aperol Spritzer

Ingredienti per un bicchiere
- *2 parti di prosecco*
- *1 parte di Aperol*
- *uno spruzzo di seltz*
- *mezza fetta d'arancia matura*
- *ghiaccio*

Ingredients for one glass
- *2 parts prosecco*
- *1 part Aperol*
- *a splash of soda*
- *half a slice of ripe orange*
- *ice*

Mettere in un calice del ghiaccio, in quantità sufficiente da riempirne almeno la metà.

Versare il prosecco e dare una spruzzata di seltz. Per ultimo aggiungere l'Aperol. La quantità totale è a piacere, l'importante è che la dose del prosecco sia pari al doppio di quella dell'Aperol.

Mescolare delicatamente, aggiungere mezza fetta d'arancia e servire.

Put enough ice in a flute to fill at least half the glass.

Pour in the prosecco and add a splash of soda. Lastly, add the Aperol: any amount as long as there is twice as much prosecco as there is Aperol.

Stir gently, add the half slice of orange and serve.

Rossini Cocktail
Rossini Cocktail

■ ❑ ❑

Ingredienti per un bicchiere
- fragole ben mature
- qualche goccia di succo di limone
- qualche goccia di sciroppo di zucchero
- prosecco

Ingredients for one glass
- *very ripe strawberries*
- *a few drops of lemon juice*
- *a few drops of sugar syrup*
- *prosecco*

Per avere un buon Rossini è necessario selezionare le fragole accuratamente. Lasciare da parte alcune fragole con grandezza simile. Lavare le fragole e con un coltellino togliere le foglioline; metterle in un frullatore fino a creare una purea omogenea e vellutata. Aggiungere qualche goccia di limone e di zucchero liquido, quindi dare un'ultima mescolata.

Si consiglia di utilizzare dei flute o dei calici. In ogni bicchiere versare ⅓ di frullato di fragole e ⅔ di prosecco. Con un coltellino incidere la parte finale delle fragole intere messe da parte e adagiarne una su ogni bordo del bicchiere. Servire ben freddo con del ghiaccio a cubetti o tritato, a piacere.

For a good Rossini, the strawberries must be selected carefully. Keep aside several strawberries of a similar size. Wash the strawberries and remove the leaves with a small knife; use a blender to make a smooth, velvety puree. Add a few drops of lemon juice and sugar syrup, then blend the puree again.

We recommend using flutes or wineglasses. Pour ⅓ of strawberry puree and ⅔ of prosecco into each glass. Use a small knife to score the base of each whole strawberry that was kept aside then slide onto the edge of each glass. Serve cold with crushed or cubed ice, as preferred.

Bellini Cocktail

Ingredienti per un bicchiere
- una pesca bianca
- qualche goccia di sciroppo di zucchero
- prosecco

Ingredients for one glass
- *white peach*
- *a few drops of sugar syrup*
- *prosecco*

La versione più classica e conosciuta è sicuramente quella del Bellini, il cocktail inventato all' Harry's Bar. Per ottenere un perfetto Bellini bisogna schiacciare (non frullare) una pesca bianca fino a ottenere una purea morbida e aggiungere un po' di zucchero liquido. La proporzione è di ¼ di purea di pesca e ¾ di prosecco. Mescolare e servire ben freddo.

The Bellini is a fabled classic cocktail, invented by Harry's Bar. To make the perfect Bellini, crush (do not blend) a white peach to make a soft puree, then add some sugar syrup. The proportions are ¼ peach puree to ¾ of prosecco. Mix and serve nicely chilled.

Polpettine di carne
Mini meatballs

■ ■ ☐

Ingredienti per 4 persone
- *400 g di carne macinata mista*
- *3 uova*
- *40 g di parmigiano reggiano grattugiato*
- *20 g di farina*
- *1 ciuffetto di prezzemolo tritato*
- *pangrattato*
- *olio extravergine d'oliva*
- *sale*
- *pepe*

Serves 4
- *400g (1 lb) of mixed ground meat*
- *3 eggs*
- *40g (½ cup) of grated parmigiano reggiano*
- *20g (2 tbsps) of flour*
- *1 sprig of chopped parsley*
- *breadcrumbs*
- *extra virgin olive oil*
- *salt*
- *pepper*

In una ciotola versare la carne macinata, le uova intere, il formaggio grattugiato, la farina, il prezzemolo tritato, un pizzico di sale, una macinata di pepe e una manciata di pangrattato.

Mescolare accuratamente finché tutti gli ingredienti non risulteranno ben amalgamati. L'impasto deve risultare omogeneo e con una buona consistenza per riuscire a formare delle palline; se risulta troppo umido basta aggiungere del pangrattato.

Coprire la ciotola e lasciare riposare almeno un'ora per far amalgamare i sapori.

Versare su un piatto del pangrattato, prendere l'impasto e iniziare a fare delle palline delle dimensioni di un boccone. Passarle nel pangrattato, quindi friggerle nell'olio ben caldo. Girare le polpette e fare rosolare per 5-6 minuti finché l'esterno non risulterà croccante e ben dorato. Andranno servite ben calde.

Place the ground meat in a bowl with the whole eggs, grated cheese, flour, chopped parsley, a pinch of salt and freshly-ground pepper, and a handful of breadcrumbs.

Mix thoroughly until all the ingredients are well blended. The mixture should be smooth and firm enough to shape small meatballs; if it is too moist, just add breadcrumbs.

Cover the bowl and leave to stand for at least one hour so the flavours blend.

Pour some breadcrumbs on a plate and start making bite-sized meatballs from the mixture. Roll in the breadcrumbs then fry in the hot oil. Turn the meatballs and continue to fry for 5-6 minutes until the outside is golden and crispy. Serve piping hot.

Crostino con sardine
Sardines on toasted bread

■ ☐ ☐

Ingredienti per 4 persone
- *16 filetti di sardina di piccole dimensioni*
- *8 fette di pane*
- *olio extravergine d'oliva*
- *sale*
- *pepe*

Serves 4
- *16 small sardine filets*
- *8 slices of bread*
- *extra virgin olive oil*
- *salt*
- *pepper*

Posizionare i filetti di sardina in una teglia forata per la cottura a vapore, senza aggiungere niente, quindi cuocere a vapore per 3-4 minuti circa, fino a quando la carne cambia colore e diventa bianco-grigio. Una volta pronte, salare e pepare a piacere.

I filetti possono essere serviti a temperatura ambiente o tiepidi.

Scaldare su una piastra i pezzi di pane, versare un filo d'olio, quindi adagiarvi le sardine.

Place the sardine filets in a perforated steaming tray, without seasoning, then steam for about 3-4 minutes, until the meat changes colour and becomes grey-white. When ready, season to taste.

The filets can be served at room temperature or lukewarm.

Heat the slices of bread on a griddle, drizzle with a little oil, then cover with the sardines.

Schie con polenta bianca
Lagoon shrimp with white polenta

Ingredienti per 4 persone
- *200 g di schie (gamberetti di laguna)*
- *prezzemolo tritato*
- *1 spicchio d'aglio*
- *olio extravergine d'oliva*
- *1 cucchiaio di sale grosso*
- *sale fino*

Serves 4
- *200g schie (lagoon shrimp)*
- *chopped parsley*
- *1 clove of garlic*
- *extra virgin olive oil*
- *1 tbsp of coarse salt*
- *table salt*

Far bollire dell'acqua in una pentola con il sale grosso. Quando raggiunge l'ebollizione versarvi i gamberetti. Lasciar cuocere per un paio di minuti.

Terminata la cottura scolarli e togliere l'intero carapace a tutte le schie.

Condire con aglio, prezzemolo tritato, olio extravergine d'oliva e sale fino.

Amalgamare gli ingredienti e servirli al centro di una porzione di polenta bianca ben calda (vedi ricetta a p. 213).

Boil the water in a saucepan with the coarse salt. When at boiling point, add the shrimp. Cook for a couple of minutes, then drain and peel all the shrimp.

Season with garlic, chopped parsley, extra virgin olive oil, and table salt.

Mix all the ingredients and serve on a slice of hot white polenta (see recipe p. 213).

Capesante alla piastra
Grilled scallops

■ ☐ ☐

Ingredienti per 4 persone
- *8 capesante*
- *olio extravergine d'oliva*
- *sale*
- *pepe*
- *4 spicchi di limone*

Serves 4
- *8 scallops*
- *extra virgin olive oil*
- *salt*
- *pepper*
- *4 lemon wedges*

Estrarre i molluschi dal guscio e procedere pulendo accuratamente le capesante con acqua fredda, togliendo la parte marrone e lasciando la noce bianca con attaccato il "corallo" rosso. Pulire anche 4 conchiglie, asciugarle e metterle da parte.

Preriscaldare la piastra o una pentola antiaderente e quando la superficie sarà ben calda adagiarvi le capesante, lasciandole rosolare 4-5 minuti e girandole in modo che non si brucino.

Nel frattempo posizionare 2 conchiglie su ogni piatto. Come decorazione si può mettere sotto le conchiglie un lettino di insalatina.

Quando i molluschi saranno pronti posizionarne uno in ogni conchiglia, versarci sopra un filo d'olio, un pizzico di sale e, a piacere, un pizzico di pepe.

Servire con del limone a spicchi.

Remove the scallops from their shells and wash carefully with cold water, removing the brown frill and leaving the white flesh with the red coral attached. Then clean the 4 shells, dry and keep aside.

Preheat the griddle or a non-stick pan and when the surface is very hot, fry the scallops for 4-5 minutes, turning so they do not burn.

In the meantime, arrange 2 shells on each plate. Garnish the plates by adding a bed of tender salad leaves under the shells.

When the molluscs are ready, place one on each shell, drizzle with olive oil, add a pinch of salt and one of pepper to taste.

Serve with lemon wedges.

Capesante gratinate con il pomodoro
Scallops au gratin with tomato

■ ■ ☐

Ingredienti per 4 persone
- *8 capesante*
- *olive*
- *capperi*
- *brandy*
- *pomodoro fresco tagliato a cubetti piccoli*
- *parmigiano reggiano grattugiato*
- *olio extravergine d'oliva*
- *uno spicchio d'aglio*
- *sale*
- *pepe*

Serves 4
- *8 scallops*
- *olives*
- *capers*
- *brandy*
- *fresh, diced tomato*
- *grated parmigiano reggiano*
- *extra virgin olive oil*
- *1 clove of garlic*
- *salt*
- *pepper*

Preparazione del pesto
Tritare finemente le olive e i capperi aggiungendo un filo d'olio extravergine d'oliva per creare una crema omogenea.

Preparazione delle capesante
Sgusciare e lavare accuratamente le capesante. Pulire anche le conchiglie e metterle da parte.
In una pentola versare un filo d'olio e lo spicchio di aglio; quando sarà abbastanza caldo, far scottare le capesante. Dopo qualche minuto fiammare con il brandy per qualche secondo per far evaporare l'alcol e poi aggiungere il pesto di olive e capperi e il pomodoro tagliato a cubetti. Aggiustare di sale e pepe e far cuocere per una decina di minuti mescolando ogni tanto.

Durante la cottura posizionare le conchiglie su una teglia da forno.

Terminata la cottura delle capesante con il sugo, depositare un mollusco per conchiglia, aggiungere un cucchiaio di sugo per ognuno e cospargere con il formaggio grattugiato.

Infornare utilizzando la modalità per la gratinatura e sfornare quando la superficie risulterà ben dorata.

How to make the pesto
Chop the olives and capers finely, adding a drizzle of extra virgin olive oil to obtain a smooth cream.

How to prepare the scallops
Remove the scallops from their shells and wash carefully, then clean the 4 shells and keep aside.
Drizzle oil into a pan with some garlic and when the oil is hot, sear the scallops. After a few minutes, flambé briefly with the brandy so the alcohol evaporates, then add the olive and caper pesto, with the diced tomato. Season with salt and pepper to taste, and cook for 10 minutes, stirring occasionally.

During cooking, arrange the shells on an oven tray.

When the scallops and sauce are cooked, place one in every shell, add a tablespoon of sauce to each and sprinkle with grated parmigiano.

Bake au gratin and remove when the surface is golden.

Canestrelli
Queen scallops

■ ☐ ☐

Ingredienti per 4 persone
- *16 canestrelli*
- *olio extravergine d'oliva*
- *1 spicchio d'aglio*
- *1 bicchiere di vino bianco secco*
- *un ciuffetto di prezzemolo tritato*

Serves 4
- *16 queen scallops*
- *extra virgin olive oil*
- *1 clove of garlic*
- *1 glass of dry white wine*
- *1 sprig of chopped parsley*

Pulire accuratamente i canestrelli con acqua fredda, avendo cura di lavare anche la conchiglia.

In un pentola far soffriggere un filo d'olio con lo spicchio d'aglio e quando sarà ben caldo aggiungere i canestrelli.

Lasciarli soffriggere per qualche minuto quindi versare il vino bianco. Lasciare evaporare qualche minuto, coprire la pentola e lasciare cuocere per 5-6 minuti.

Spegnere la fiamma e cospargere con abbondante prezzemolo.

Servire ancora caldi accompagnati da un paio di cucchiai del sugo di cottura.

Clean the queen scallops carefully with cold water, including the shells.

Sauté the clove of garlic in a pan with a little oil and when hot add the queen scallops.

Sauté for a few minutes then pour in the white wine. Leave to evaporate for a few minutes, cover the pan and cook for 5-6 minutes.

Turn off the heat and sprinkle with plenty of parsley.

Serve hot, with a few tablespoons of cooking juices.

Tortino di peperoni e sarde
Pepper and pilchard flan

■ ■ ▢

Ingredienti per 4 persone
- 1 peperone giallo
- 1 peperone rosso
- 20 sarde fresche
- pangrattato
- basilico
- olio extravergine d'oliva
- sale
- pepe
- 4 stampini di alluminio

Serves 4
- 1 yellow pepper
- 1 grilled, peeled red pepper
- 20 fresh pilchards
- breadcrumbs
- basil
- extra virgin olive oil
- salt
- pepper
- 4 individual aluminium flan tins

Arrostire i peperoni e, una volta raffreddati, togliere la pelle e tagliarli a listarelle larghe circa 2 cm.

Oliare gli stampini accuratamente senza lasciarvi dell'olio in eccesso. Proseguire versandovi il pangrattato in modo che formi una pellicola sopra l'olio.

Foderare fino a riempire lo stampino alternando uno strato di listarelle di peperone con il basilico a uno di sarde.

Infornare i tortini a 200 °C per 5 minuti.

Quando saranno pronti girare lo stampino su un piatto per far uscire il tortino. Servire ancora caldo.

Grill the peppers and when they have cooled, remove the skin.

Oil the tins carefully but leave no excess oil inside. Now add the breadcrumbs so they coat the inside of the tins.

Fill the tins to the top by alternating layers of peppers with basil and pilchards.

Bake at 200 °C (390 °F) for 5 minutes.

When ready, tip the flan out of the tin onto a plate. Serve while still hot.

Bruschetta di pomodoro alla portulaca
Tomato bruschetta with summer purslane

■ ◻ ◻

Ingredienti per 4 persone
- *4 pomodori cuore di bue*
di dimensioni simili
- *portulaca*
- *olio extravergine d'oliva*
- *sale*
- *pepe nero*

Serves 4
- *4 beefsteak tomatoes*
of the same size
- *summer purslane*
- *extra virgin olive oil*
- *salt*
- *black pepper*

Tagliare i pomodori per il lungo in modo da ottenere una fetta abbastanza grande con uno spessore di circa 1 cm.

Adagiarla sui piatti da portata e versarvi un filo d'olio extravergine d'oliva, un pizzico di sale, pepe e dei ciuffi di portulaca.

Suggerimento
La portulaca, essendo una tipica pianta di barena, non è facilmente reperibile; può essere tranquillamente sostituita con una pianta aromatica a piacere come un trito di basilico o di erba cipollina.

Cut the tomatoes lengthwise into quite large slices, about ¼ of an inch thick.

Arrange on serving plates and drizzle with a little extra virgin olive oil, add a pinch of salt and pepper, and sprigs of summer purslane.

Tip
Summer purslane is a typical plant of the Venetian lagoon sandbanks and may not be readily available, but it can easily be replaced with a preferred herb like chopped basil or chives.

Sauté di vongole
Sautéed clams

■ ▢ ▢

Ingredienti per 4 persone
- 2 kg di vongole
- 1 bicchiere di vino bianco secco
- 1 spicchio d'aglio
- 3 cucchiai d'olio extravergine d'oliva
- prezzemolo tritato
- pepe
- crostini di pane a piacere

Serves 4
- 2kg (4-5 lbs) of clams
- 1 glass of dry white wine
- 1 clove of garlic
- 3 tbsps of extra virgin olive oil
- chopped parsley
- pepper
- slices of toasted bread to serve

Per eliminare la sabbia efficacemente si consiglia di mettere le vongole a spurgare per 2-3 ore in una bacinella con acqua fredda e un po' di sale grosso. Cambiare l'acqua anche 2-3 volte, finché le vongole non rilascino più sabbia.

Versare l'olio in una casseruola e far soffriggere l'aglio. Spegnere la fiamma e aggiungere le vongole e il vino bianco. Chiudere con un coperchio e lasciare riposare. Quando tutte le vongole sono aperte, aggiungere mezzo bicchiere di acqua, il pepe e il prezzemolo.

Servire in un piatto fondo e guarnire con dei crostini di pane.

Suggerimento
Una variante molto utilizzata e apprezzata è l'aggiunta di un po' di salsa di pomodoro nel sugo: basta versarla nella pentola prima di buttare le vongole e lasciarla cuocere qualche minuto, procedendo quindi con la stessa ricetta.

Questa preparazione può essere utilizzata come sauté da mangiare con dei crostoni di pane ma anche come sugo per gli spaghetti.

The best way to remove sand is to leave the clams to purge for 2-3 hours in a bowl of cold water with a little coarse salt. Change the water 2-3 times, until the clams no longer release sand.

Pour the oil into a saucepan and sauté the garlic. Turn off the heat and add the clams and white wine. Cover with a lid and leave to rest. When all the clams have opened, add half a glass of water, pepper and parsley.

Serve in a bowl, garnished with toasted bread.

Tip
A very popular alternative is to add a small amount of tomato puree to the sauce, just before tossing in the clams, and cooking for a few minutes, then proceeding with the recipe.

This recipe can also be used to garnish bruschetta or as a sauce for spaghetti.

59 Le castraure

"Castraure" artichokes

Specialità tipica della gastronomia veneziana sono le "castraure".
Nella Laguna Nord, con epicentro nell'isola di Sant'Erasmo, è coltivato il "carciofo violetto di Sant'Erasmo".
Le "castraure", il frutto apicale della pianta del carciofo che viene tagliato per primo, sono delle prelibatezze molto tenere e gustose, con un gusto unico e particolare.
La loro produzione inizia circa a fine aprile e ha una durata molto breve, di appena 10-15 giorni.
L'elevata qualità di questo prodotto, dovuta anche alle particolarità di questo territorio, lo pone tra i prodotti selezionati come Presidio Slow Food.

This is a typical Venetian culinary speciality. The purple Sant'Erasmo artichoke is grown in the northern lagoon, especially on the island of Sant'Erasmo.
The "castraura" is the fruit found at the tip of the artichoke, which is picked first and is a very tender, tasty delicacy, with a truly unique flavour. They are ready to be picked in late April and the season lasts 10-15 days.
The prime quality of this artichoke, owed to the peculiarities of the terrain, has earned it a Slow Food Presidium label.

Castraure panate
Breaded "castraure"

■ ■ ◻

Ingredienti per 4 persone
- *8 carciofi violetti di Sant'Erasmo (castraure)*
- *75 g di farina di riso*
- *25 g di amido*
- *1 bicchiere di acqua frizzante molto fredda*
- *½ l d'olio di semi per friggere*
- *sale*

Serves 4
- *8 purple Sant'Erasmo artichokes (castraure)*
- *75g (¾ cup) of rice flour*
- *25g (2 tbsps) of starch*
- *1 glass of very cold sparkling water*
- *½ l (1 pint) of vegetable oil for frying*
- *salt*

Pulire accuratamente i carciofi eliminando le foglie esterne e spuntandoli. Tagliarli a metà e togliere la parte centrale.

Per la pastella, in una bacinella amalgamare accuratamente la farina di riso con l'amido e l'acqua frizzante. L'acqua va aggiunta un po' per volta fino a ottenere una crema omogenea e non troppo liquida.

Scaldare molto bene l'olio di semi in un pentola capiente. Quando l'olio sarà ben caldo, prendere i carciofi, immergerli nella pastella e friggerli immediatamente.

Estrarli dall'olio quando saranno ben croccanti e dorati, posizionarli su un foglio di carta assorbente e servirli ben caldi con una spolverata di sale a piacere.

Clean the artichokes thoroughly by removing the outer leaves and trimming the tip from the rest. Cut in half and remove the heart.

To make the batter, carefully mix the rice flour with the starch and the sparkling water in a bowl. The water should be added a little at a time to make a smooth cream that is not too runny.

Heat the vegetable oil well in a large pan. When the oil is very hot, dip the artichokes in the batter and fry them immediately.

Remove from the oil when they are crisp and golden, place on a sheet of kitchen roll and serve hot with a sprinkling of salt to taste.

Cozze gratinate
Mussels au gratin

■ ■ ▢

Ingredienti per 4 persone
- 1 kg di cozze
- 1 bicchiere di vino bianco secco
- 1 spicchio d'aglio
- pangrattato
- olio extravergine d'oliva
- sale
- pepe

Serves 4
- 1kg (2 lbs) of mussels
- 1 glass of dry white wine
- 1 clove of garlic
- breadcrumbs
- extra virgin olive oil
- salt
- pepper

Pulizia e selezione delle cozze
Se le cozze non sono già pulite bisogna procedere alla loro pulizia. Lavarle abbondantemente sotto acqua corrente, raschiando la superficie esterna e togliendo le eventuali incrostazioni.

Per selezionare le cozze da cucinare immergerle in acqua per qualche ora; dopo questo periodo eliminare quelle socchiuse o addirittura aperte perché solo le valve ben chiuse possono garantire la freschezza.

Preparazione
In una padella far soffriggere in un filo d'olio lo spicchio d'aglio, aggiungere poi le cozze lasciando che si scaldino per un paio di minuti.

A questo punto bisogna scartare le conchiglie rimaste chiuse, perché il mollusco all'interno potrebbe essere nocivo.

Procedere quindi versando il vino e lasciandolo evaporare per qualche minuto sulla fiamma viva.

Clean and select the mussels
If the mussels are not already clean, this must be done first by washing thoroughly under running water, scraping the outer shell and removing any incrustations.

To select mussels for cooking, leave in water for a few hours then remove any that are even only partly open, because only properly closed valves guarantee freshness.

Preparation
Sauté the clove of garlic in a skillet with a drop of oil; add the mussels and leave to heat up for a couple of minutes.

Now is the time to remove any shells that are still closed, because the mussel inside may be inedible.

Then add the wine and leave to evaporate for a few minutes on a high heat.

<<<

Mettere le cozze in una teglia e
spolverare abbondantemente con
il pangrattato, sale e pepe a piacere.

Infornare per 20 minuti a 170 °C.
Impiattare e servire con spicchi
di limone.

Suggerimenti
Per una maggiore praticità per chi
mangia e una migliore presentazione,
una volta passate in padella, le
conchiglie si possono dividere
mettendo nella teglia solo la metà
che contiene il mollusco. Proseguire
poi come da ricetta, spolverando
con il pangrattato, il sale e il pepe.

A piacere si può mescolare insieme
al pangrattato del prezzemolo e/o
dell'aglio tritato.

<<<

*Place the mussels on a baking sheet
and sprinkle with plenty of breadcrumbs,
salt and pepper to taste.*

*Bake at 170 °C (340 °F) for
20 minutes. Plate up and serve
with wedges of lemon.*

Tips
*To make the mussels easier to eat and
for more attractive presentation, after
heating in the skillet, split the shells and
remove the empty side, then bake only
the side with the mussel. Continue as
above, sprinkling with breadcrumbs,
salt and pepper.*

*If preferred, add parsley and/or
chopped garlic to the breadcrumbs.*

Sauté di cozze e vongole al pomodoro

Sautéed mussels and clams with tomato sauce

■ ■ ☐

Ingredienti per 4 persone
- *1 kg di cozze*
- *1 kg di vongole*
- *200 g di salsa di pomodoro*
- *3 spicchi d'aglio*
- *½ bicchiere di vino bianco*
- *prezzemolo tritato*
- *olio extravergine d'oliva*
- *pepe*

- *Serves 4*
- *1kg (2 lbs) mussels*
- *1kg (2 lbs) of clams*
- *200g (2 cups) of tomato sauce*
- *3 cloves of garlic*
- *½ glass of dry white wine*
- *chopped parsley*
- *extra virgin olive oil*
- *pepper*

Pulizia e selezione delle cozze

Lavarle abbondantemente sotto acqua corrente, raschiando la superficie esterna e togliendo le eventuali incrostazioni. Per selezionare le cozze da cucinare immergerle in acqua per qualche ora; dopo questo periodo eliminare quelle socchiuse o addirittura aperte perché solo le valve ben chiuse possono garantire la freschezza.

Pulizia delle vongole

Per eliminare la sabbia efficacemente si consiglia di mettere le vongole a spurgare per 2-3 ore in una bacinella con acqua fredda e un po' di sale grosso. Cambiare l'acqua anche 2-3 volte, finché le vongole non rilascino più sabbia, poi sciacquare bene sotto acqua corrente.

Preparazione

Far aprire i molluschi cuocendoli coperti in una padella a fuoco vivo con mezzo bicchiere di vino bianco. Alla fine recuperare il liquido di cottura, che dovrà poi essere ben filtrato, ed eliminare le conchiglie che rimangono chiuse.

>>>

Clean and select the mussels

If the mussels are not already clean, this must be done first by washing thoroughly under running water, scraping the outer shell and removing any incrustations. To select mussels for cooking, leave in water for a few hours then remove any that are open in part or completely, because only properly closed valves guarantee freshness.

Cleaning the clams

The best way to remove sand is to leave the clams to purge for 2-3 hours in a bowl of cold water and a little coarse salt. Change the water 2-3 times, until the clams no longer release sand, then rinse well in running water.

Preparation

To open the molluscs, cook them in a covered skillet over high heat with ½ a glass of white wine. Then recover the cooking juices, which must be well filtered, and remove any shells that are closed.

>>>

<<<

Soffriggere in una larga padella gli spicchi d'aglio con l'olio e aggiungere il liquido di cottura precedentemente filtrato.

Quando il sugo comincia a restringersi aggiungere la salsa di pomodoro e cuocere per qualche minuto.

Alla fine aggiungere le cozze e le vongole avendo cura di mescolarle bene con il sugo. Aggiustare con il pepe a piacere e guarnire con il prezzemolo tritato.

Questo piatto va servito ben caldo aggiungendo eventualmente dei crostini di pane strofinati con dell'aglio fresco.

<<<

Sauté the garlic cloves in a large skillet with olive oil and add the previously filtered cooking liquid.

When the sauce starts to reduce, add the tomato sauce and cook for a few minutes.

Lastly, add the mussels and clams, ensuring they are stirred well into the sauce. Season with pepper to taste and garnish with chopped parsley.

This dish should be served piping hot and with a side of toasted bread rubbed with fresh garlic.

Canocchie al vapore
Steamed mantis shrimp

■ ▢ ▢

Ingredienti per 4 persone
- 1 kg di canocchie
- olio extravergine d'oliva
- sale
- pepe
- succo di limone a piacere

Serves 4
- *1kg (2 lbs) of mantis shrimp*
- *extra virgin olive oil*
- *salt*
- *pepper*
- *lemon juice to taste*

Lavare accuratamente le canocchie con dell'acqua fredda, metterle in una teglia da forno, posizionandole con il dorso verso l'alto.

Infornare la teglia per 10-15 minuti con cottura al vapore.

Dopo aver fatto raffreddare le canocchie bisogna sgusciarle. Procedere quindi togliendo le zampe poste sul capo e sul ventre, poi tagliare con le forbici il contorno della corazza e della coda ed estrarre la polpa. Eliminare anche la pelle del ventre.

Adagiarle su un piatto da portata e condirle con sale, pepe, un filo d'olio e, a piacimento, con qualche goccia di limone.

Thoroughly wash the mantis shrimp with cold water, place them belly-down on a baking sheet and steam in the oven for 10-15 minutes.

Leave to cool then peel the shrimp and remove the claws on the head and belly. Cut around the shell and tail with scissors to extract the flesh, then remove the belly skin.

Arrange on a serving platter and season with salt, pepper, a drizzle of extra virgin olive oil, and lemon juice to taste.

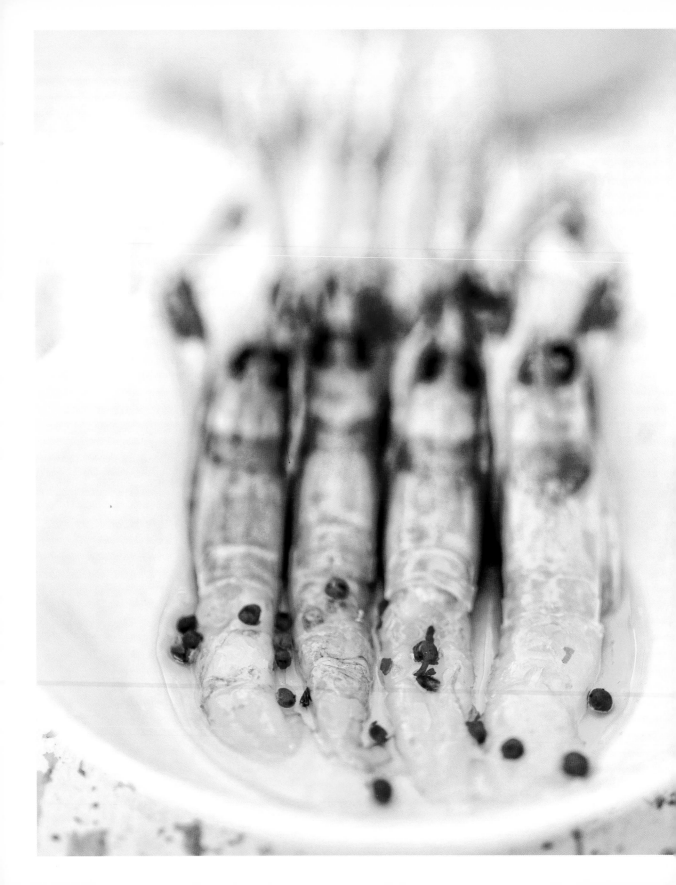

Scampi crudi con pepe rosa
Raw scampi with pink pepper

■ ▢ ▢

Ingredienti per 4 persone
- **16 scampi**
- **olio extravergine d'oliva**
- **pepe rosa in grani**

Serves 4
- *16 scampi*
- *extra virgin olive oil*
- *pink peppercorns*

Pulire accuratamente gli scampi con dell'acqua fredda.

Togliere la parte finale del carapace lasciando la testa.

Posizionare 4 scampi per piatto, quindi versarvi un filo d'olio e qualche grano di pepe rosa.

Carefully clean the scampi with cold water.

Remove the final section of the carapace, leaving the head.

Arrange 4 scampi on each plate, then drizzle with extra virgin olive oil and sprinkle with pink peppercorns.

Insalata di granseola
Spider crab salad

■ ■ ☐

Ingredienti per 4 persone
- 4 granseole da 500-800 g
circa l'una
- 4 cucchiai d'olio extravergine
d'oliva
- 1 limone
- 1 ciuffetto di prezzemolo tritato
- sale
- pepe

Serves 4
- 4 spider crabs weighing 500-800g
(18-30 oz) each
- 4 tbsps of extra virgin olive oil
- 1 lemon
- 1 sprig of chopped parsley
- salt
- pepper

Portare a ebollizione una pentola abbastanza capiente d'acqua e immergervi le granseole per 7-8 minuti. Una volta lessate, vanno tolte dall'acqua e lasciate raffreddare.

Quando saranno a temperatura ambiente, aprire il carapace ed estrarre la carne, avendo cura di mettere da parte le eventuali uova color corallo, e porla in una bacinella. Procedere togliendo le zampe dal busto e schiacciarle con un coltello pesante o uno schiaccianoci facendo attenzione a non schiacciare troppo la carne all'interno che andrà sfilata.

Sciacquare bene la parte superiore dei 4 gusci e metterli da parte.

Con le mani spezzettare grossolanamente la carne della granseola in modo tale che i pezzi siano di grandezza omogenea, quindi condire con sale, pepe, un po' d'olio, il succo di limone e il prezzemolo tritato. Mescolare con cura e dividere il composto all'interno dei gusci, ponendo al centro le eventuali uova.

Posizionare ogni granseola su un piatto e servire.

Bring a large pan of water to the boil and immerse the spider crabs for 7-8 minutes. When boiled, remove from the water and leave to cool.

When they reach room temperature, open the carapace and extract the meat, ensuring the coral-coloured eggs are removed and put aside in a bowl. Now remove the claws from the body and press them with a heavy knife or a nutcracker, being careful not to crush the meat inside too much as it will have to be removed.

Rinse the top of 4 shells well and keep aside.

Tear the crab meat roughly by hand into pieces of the same size, then season with salt, pepper, a little oil, lemon juice, and chopped parsley. Mix carefully and divide the mixture into the shells, adding any eggs in the middle.

Place each crab on a plate and serve.

Crostini di baccalà mantecato
Crostini with creamed salt cod

■ ■ ☐

Ingredienti per 4 persone
- *250 g di baccalà (stoccafisso) già bagnato e diliscato*
- *olio extravergine d'oliva*
- *alloro*
- *1 limone*
- *sale*
- *pepe*
- *prezzemolo tritato*
- *pane a fette*

Serves 4
- *250g (8 oz) of salt cod or stockfish, ready soaked and boned*
- *extra virgin olive oil*
- *bay leaf*
- *1 lemon*
- *salt*
- *pepper*
- *chopped parsley*
- *sliced bread*

Mettere il baccalà spezzettato in una pentola con dell'acqua fredda, aggiungere il sale, l'alloro e il succo di limone e portare a ebollizione. Cuocere per 20 minuti circa mescolando ogni tanto.

Terminata la cottura scolare il pesce, avendo cura di conservare a parte un po' d'acqua di cottura nel caso in cui la crema finale non risulti tanto morbida.

In una bacinella posizionare il baccalà e con un cucchiaio di legno (non utilizzare il frullatore) mescolare energicamente versando l'olio un poco alla volta in modo da amalgamarlo bene. Questa è la cosiddetta "mantecatura". Continuare a mescolare fino a ottenere una crema compatta e omogenea. Aggiustare di sale e di pepe. Se la densità non è quella desiderata, basta aggiungere qualche cucchiaio di acqua di cottura del pesce.

Posizionare sui piatti le fette di pane, possibilmente calde, quindi spalmare la crema di baccalà ottenuta.

Suggerimento
Per tradizione di solito si utilizza al posto del pane una fettina di polenta bianca abbrustolita sulla piastra.

Put the salt cod pieces in a pot of cold water, add salt, the bay leaf and lemon juice, and bring to a boil. Cook for 20 minutes, stirring occasionally.

When the fish is cooked, drain and keep aside a little of the cooking water in case the final cream has to be softened.

Place the salt cod in a bowl and use a wooden spoon (not a blender) to stir vigorously, pouring the oil a little at a time so it is mixed in well. This procedure is known as "mantecatura". Continue to stir until the cream is firm and smooth. Add salt and pepper to taste. To adjust the texture to taste, simply add a few spoons of the fish cooking juices.

Arrange the slices of bread, preferably hot, on plates and spread with the creamed salt cod.

Tip
Traditionally the cream is also spread on slices of white polenta toasted on a griddle.

Baccalà e stoccafisso
Salt cod or stockfish

In Italia questi due nomi identificano lo stesso pesce, il merluzzo artico norvegese, ma conservato in modi differenti. Il baccalà è conservato sotto sale. La salatura, uno dei metodi di conservazione più antichi per i cibi, disidrata il pesce per poterlo conservare a lungo. Lo stoccafisso invece viene essiccato all'aria. Così perde circa il 70% dell'acqua, ma rimangono inalterati i principi nutritivi presenti nel pesce fresco. Si dice che l'arrivo dello stoccafisso a Venezia sia dovuto al capitano Pietro Querini, che con la sua flotta naufragò in Norvegia nel 1432, vicino alle Isole Lofoten. Qui conobbe il merluzzo essiccato che portò con sé nel viaggio di rientro. Questo alimento si diffuse molto velocemente in tutto il dominio veneziano grazie alla sua facilità di conservazione e commercializzazione. Infatti quello che in Veneto è chiamato baccalà, in realtà è merluzzo essiccato. Il classico "baccalà alla vicentina", per esempio, è preparato con lo stoccafisso. Sia il baccalà sia lo stoccafisso devono essere immersi in acqua fredda per più giorni per essere utilizzati; il primo per perdere il sale e il secondo per riprendere la consistenza delle carni. Prima dell'ammollo lo stoccafisso va battuto con una mazza di legno per sfibrarlo.

These two designations identify the same fish: Norwegian Arctic cod, but preserved in different ways. Salt cod is preserved in salt, which is one of the most ancient methods for preserving food. The salt dries out the fish so it can be stored for long periods. Stockfish, however, is hung to dry in the air, thus losing 70% of its water but without loss of the nutritional content of the fresh fish. It is said that stockfish was brought to Venice by Captain Pietro Querini, whose fleet was shipwrecked near Norway's Lofoten Islands in 1432. Here he discovered dried cod, which he brought back on his return. This food soon became popular throughout the Venetian Republic because it was easy to store and market. In Veneto, salt cod is called "baccalà" but the classic "baccalà alla vicentina" is actually made with stockfish. Both salt cod and stockfish have to be immersed in cold water for several days before they can be used; the former to remove the salt and the latter to restore texture to the flesh. Before soaking, stockfish has to be softened with a wooden mallet.

Insalata con le schie
Lagoon shrimp salad

■ ☐ ☐

Ingredienti per 4 persone
- 400 g di schie
(gamberetti di laguna)
- 200 g di rucola
- 1 ciuffetto di prezzemolo tritato
- olio extravergine d'oliva
- sale
- pepe

Serves 4
- 400g (1 lb) of schie
(lagoon shrimp)
- 200g (½ lb) of arugula
- 1 sprig of chopped parsley
- extra virgin olive oil
- salt
- pepper

Lavare accuratamente i gamberetti di laguna con acqua fredda.

In una pentola portare a ebollizione dell'acqua salata, quindi versarvi le schie. Appena il bollore riprende, scolarle e metterle in una bacinella e poi sgusciarli.

Preparare in 4 terrine una base di rucola.

Quando le schie saranno tiepide, aggiungere l'olio, un pizzico di sale, il prezzemolo tritato e una spolverata di pepe. Mescolare bene, dividerle nelle 4 terrine appoggiandole sopra il lettino di insalata e servire.

Thoroughly wash the lagoon shrimp with cold water.

Boil salted water in a pan and add the schie. When the water returns to the boil, drain and place the schie in a bowl and then peel.

Prepare a bed of arugula in 4 terrines.

When the schie are tepid, add oil, a pinch of salt, chopped parsley and a sprinkling of pepper. Mix well, arrange in the 4 terrines on the bed of arugula, then serve.

Verdure pastellate fritte
Fried vegetables in batter

■ ■ ◻

Ingredienti per 4 persone
- verdure: 1 zucchina, 1 carciofo, 1 cavolo, 1 finocchio, 1 carota, 1 peperone piccolo, 1 melanzana piccola, 1 cipolla
- 200 g di farina bianca tipo 00
- 2 uova
- un bicchiere di birra fredda (o in alternativa acqua frizzante fredda)
- olio di semi per friggere
- sale

Serves 4
- vegetables: 1 zucchini, 1 artichoke, 1 cabbage, 1 fennel, 1 carrot, 1 small pepper, 1 small eggplant, 1 onion
- 200g (1⅔ cups) of all-purpose white flour
- 2 eggs
- 1 glass of cold beer or cold sparkling water
- vegetable oil for frying
- salt

In una ciotola versare i tuorli, la farina, il sale e mezzo bicchiere di birra. Mescolare accuratamente e aggiungere un po' per volta la birra rimanente fino a ottenere una pastella senza grumi e abbastanza densa. Coprire la ciotola e lasciare riposare in frigo.

Nel frattempo tagliare le verdure a rondelle o a listarelle, in pezzi non troppo piccoli.

Montare i tuorli a neve e unirli delicatamente alla pastella.

Scaldare bene l'olio, passare le verdure nella pastella e immergerle nell'olio. Non friggere troppa verdura contemporaneamente perché abbasserebbe troppo la temperatura dell'olio, che invece deve rimanere molto caldo per ottenere una pastella croccante. Quando la panatura risulterà ben dorata estrarre le verdure con una schiumarola e adagiarle sopra della carta assorbente per assorbire l'olio in eccesso. Salare e servire ancora calde.

Suggerimento
La birra al posto dell'acqua frizzante rende la panatura più spessa e croccante e leggermente più saporita.

Pour the egg yolks, flour, salt, and half a glass of beer into a bowl. Mix thoroughly and add the remaining beer a little at a time until a smooth batter of the right texture is obtained. Cover the bowl and leave to rest in the refrigerator.

Now cut the vegetables into rounds and strips, as preferred, but not too small.

Whisk the yolks into peaks and add gently to the batter.

Heat the oil until boiling, dredge the vegetables in the batter and dip in the oil. It is best to fry a few pieces at a time otherwise the temperature of the oil drops and the batter will not be crispy. When the batter is golden brown, remove the vegetables with a skimmer and arrange on kitchen roll to dry off the excess oil. Add salt and serve piping hot.

Tip
Using beer instead of sparkling water makes the batter thicker, crispier and slightly tastier.

Fritto misto
Mixed fried seafood

■ ■ ⬜

Ingredienti per 4 persone
- *4 scampi piccoli*
- *500 g di scampi sgusciati*
- *500 g di calamari*
- *4 filetti di pesce San Pietro*
- *farina bianca tipo 00*
- *sale*
- *2,5 l d'olio di arachidi*
per friggere

Serves 4
- *4 small scampi*
- *500g (1 lb) of peeled scampi*
- *500g (1 lb) of squid*
- *4 dory filets*
- *all-purpose white flour*
- *salt*
- *2.5 litres (5 pints) of peanut oil*
for frying

Pulire accuratamente tutti i pesci
e poi procedere a infarinarli
accuratamente.

Utilizzare una padella in ferro,
riempiendola con circa 2,5 l d'olio
di arachidi. Quando l'olio risulta
ben caldo gettarvi il pesce impanato.

Per avere una buona frittura è
importante cuocere una tipologia
di pesce per volta, perché ciascuna
ha tempi di cottura diversi.

Quando al tatto la panatura risulta
croccante, estrarre immediatamente
dalla pentola con una schiumarola e
posizionare in un contenitore foderato
di carta assorbente. Mentre si friggono
le altre tipologie, conservare al caldo
le precedenti.

Dare una spolverata con il sale quindi
servire il fritto misto ancora caldo.

>>>

*Clean all the fish thoroughly then
proceed to coat well with flour.*

*Use an iron skillet, filling with about
5 pints of peanut oil. When the oil is
good and hot, throw the breaded fish
into the oil.*

*To make the mixed fry-up a success,
it is best to cook one type of fish at
a time, because each one requires
a different length of time.*

*The fried fish should be removed
from the skillet when the bread coating
is crisp.*

*Use a skimmer and place the fish
in a container lined with kitchen roll.*

*While frying the other fish, keep the
cooked pieces warm. Sprinkle with salt
and serve the fried fish while it is hot.*

>>>

<<<

Suggerimenti
I problemi che si presentano quando si frigge in casa sono principalmente due. Il primo è individuare la temperatura giusta dell'olio in cui immergere il pesce, perché troppo freddo non lo renderebbe croccante e troppo caldo rischia di bruciarlo. Il secondo sono gli schizzi che fuoriescono dalla pentola mentre si frigge.

Per ovviare a questi contrattempi bastano alcuni stuzzicadenti di legno. Per individuare la temperatura ideale basta immergere la punta dello stuzzicadenti nell'olio: se si formano delle bollicine è perfetto. Per gli schizzi basta gettare nella pentola 2-3 stuzzicadenti e lasciarli per tutto il tempo della frittura.

<<<

Tips
Two main problems arise when frying in a domestic kitchen. The first is identifying the right oil temperature for immersing the fish, because if it is not hot enough the results are not crispy; if it is too hot the oil may burn. The second problem is the oil that splashes from the skillet when frying.

To avoid both problems, use wooden toothpicks. To see if the temperature is right, just dip the tip of the toothpick in the oil: if it creates bubbles, the temperature is perfect. For splashes, just throw 2-3 toothpicks into the skillet and leave them while frying.

Mozzarella in carrozza

Mozzarella in carrozza

■ ■ ◻

Ingredienti per 4 persone
- 8 fette di pane in cassetta
- 8 fette di mozzarella
- 8 acciughe sott'olio

Per la pastella:
- 150-200 g di farina 00
- acqua minerale frizzante
- un pizzico di lievito di birra disidratato
- un pizzico di zucchero
- un pizzico di sale
- 1 l d'olio di semi per friggere

Serves 4
- 8 slices of bread from a square loaf
- 8 slices of mozzarella
- 8 anchovies in oil

For the batter:
- 150-200g (1-1¾ cups) of all-purpose flour
- sparkling mineral water
- a pinch of dried dry yeast
- a pinch of sugar
- a pinch of salt
- 1 litre (2 pints) of vegetable oil for frying

Preparare la pastella mescolando farina, lievito, zucchero e acqua minerale quanto basta per ottenere un impasto fluido. Coprire e far riposare un paio d'ore in frigo.

Togliere la crosta alle fette di pane, tagliare ogni fetta a metà e formare dei tramezzini in cui mettere una fetta di mozzarella e un'acciuga precedentemente scolata.

Chiudere bene i tramezzini e passare i bordi nella farina per sigillarli in modo che il ripieno non fuoriesca durante la cottura.

Immergerli poi nella pastella e friggerli nell'olio bollente fino a quando diventeranno di un bel colore dorato.

Adagiare le mozzarelle in carrozza su un foglio di carta da cucina per eliminare l'unto in eccesso e servirle calde.

Prepare the batter by mixing together flour, yeast, sugar, and just enough mineral water to obtain a fluid mixture. Cover and leave to rest for a couple of hours in the refrigerator.

Remove the crust from bread slices, cut each slice in half to make sandwiches with a slice of mozzarella and the anchovies that have been drained in advance.

Close the sandwiches firmly and dredge the edges in the flour to seal them so the stuffing stays in place during cooking.

Then dip them in the batter and fry in boiling hot oil until they turn a nice golden colour.

Place the mozzarella in carrozza on kitchen roll to remove excess grease and serve hot.

Moscardini bolliti

Boiled musky octopus

■ ☐ ☐

Ingredienti per 4 persone
- *12 moscardini*
- *sale grosso*
- *2 coste di sedano*
- *1 dado di pesce*
- *alcuni spicchi di limone a piacere*

Serves 4
- *12 musky octopus*
- *coarse salt*
- *2 stalks of celery*
- *1 fish stock cube*
- *several wedges of lemon to taste*

Rivoltare i moscardini ed eliminare il sacchetto interno. Lavarli accuratamente sotto l'acqua fredda per togliere bene la sabbia dai tentacoli.

In una pentola capiente versare 3-4 l di acqua fredda insieme a una manciata di sale grosso, al sedano e al dado.

Portare il tutto a ebollizione quindi, facendo molta attenzione a non scottarsi, prendere per la testa un moscardino per volta e immergere solo i tentacoli nell'acqua bollente fino a quando non si arricciano. A questo punto immergere l'intero moscardino. Lasciare cuocere per 25 minuti.

Scolare e servire al naturale o con un filo d'olio extravergine d'oliva. Servire a piacere con alcuni spicchi di limone.

Turn the octopus inside out and remove the inner sac. Wash thoroughly under cold water to remove sand from the tentacles.

Pour 6-8 pints of cold water into a pot, with a handful of coarse salt, celery and the stock cube.

Bring to the boil then, being careful to avoid scalding, take each octopus by the head and dip just the tentacles into boiling water until they curl. At this point immerse the entire octopus and cook for 25 minutes.

Drain and serve plain or with a drizzle of extra virgin olive oil. Plate up with wedges of lemon.

Primi piatti

First courses

Risotto con le castraure

Artichoke risotto

■ ■ ▢

Ingredienti per 4 persone
- 320 g di riso Vialone Nano
- 8 castraure (piccoli carciofi violetti di Sant'Erasmo)
- 2 scalogni
- 100 ml di vino bianco secco
- 1 l di brodo di pollo
- 3 cucchiai di olio extravergine d'oliva
- sale
- pepe

Serves 4
- 320g (1¾ cups) Vialone Nano rice
- 8 purple Sant'Erasmo artichokes (castraure)
- 2 shallots
- ½ cup of dry white wine
- 1 litre (2 pints) of chicken stock
- 3 tbsps of extra virgin olive oil
- salt
- pepper

Preparare le castraure eliminando le foglie più esterne e tagliando le estremità di quelle rimanenti. Affettarle in rondelle, farle rosolare in una padella con un cucchiaio d'olio d'oliva per ammorbidirle e metterle da parte.

Sbucciare e sminuzzare gli scalogni. Vanno rosolati anch'essi in un tegame capiente con il resto dell'olio.

Dopo qualche minuto versare il riso e mescolare. Proseguire la cottura fino a quando il riso non sarà traslucido. Aggiungere il vino bianco lasciandolo successivamente evaporare.

Proseguire la cottura aggiungendo progressivamente il brodo di pollo senza smettere di mescolare per almeno 18-20 minuti.

A questo punto vanno aggiunte le castraure mescolando bene e con delicatezza. Insaporire con sale e pepe e servire immediatamente.

Prepare the artichokes by removing the outer leaves and trimming the tip from the rest. Slice into rounds, sauté in a skillet with a tablespoon of olive oil to soften them, then keep aside.

Peel and chop the shallots, then sauté these also, in a large pot with the rest of the oil.

After a few minutes add the rice and stir. Continue cooking until the rice is no longer translucent. Add the white wine and leave to evaporate.

Cook, gradually adding the chicken stock and stirring all the while for at least 18-20 minutes.

Now add the fried castraure, stirring well but gently. Season with salt and pepper and serve immediately.

Risotto con scampi
e carciofi
Risotto with scampi and artichokes

■ ■ ◻

Ingredienti per 4 persone
- *320 g di riso Vialone Nano*
- *4 carciofi*
- *scampi*
- *1 cipolla tritata*
- *1 l di brodo vegetale*
- *1 bicchiere di vino bianco secco*
- *1 noce di burro*
- *olio extravergine d'oliva*
- *sale*
- *pepe*

Serves 4
- *320g (1¼ cups) Vialone Nano rice*
- *4 artichokes*
- *scampi*
- *1 chopped onion*
- *1 litre (2 pints) of vegetable stock*
- *1 glass of dry white wine*
- *1 knob of butter*
- *extra virgin olive oil*
- *salt*
- *pepper*

Sbucciare i carciofi togliendo le foglie esterne che risulterebbero troppo dure, quindi lavarli bene e tagliarli a fettine sottili. In una casseruola far sciogliere una noce di burro e rosolarvi la cipolla tritata. Quando inizierà a imbrunire unire i carciofi. Insaporire con un po' di sale e pepe macinato al momento, quindi coprire e lasciar cuocere per una ventina di minuti circa a fuoco lento.

In una pentola mettere un filo d'olio e il riso e fare rosolare per qualche minuto. A tostatura terminata versare il bicchiere di vino bianco secco e lasciare evaporare.

Aggiungere il brodo di verdure ben caldo, un pochino per volta, con l'accortezza di tenere la fiamma non troppo alta, e continuare a mescolare con un mestolo di legno. Verso metà cottura, dopo una decina di minuti circa, aggiungere al riso i carciofi e dopo qualche minuto gli scampi precedentemente sgusciati e puliti.

A cottura terminata aggiungere un cucchiaio abbondante d'olio mescolando vigorosamente. Lasciare riposare per un minuto, quindi servire.

Peel the artichokes by removing the tougher outer leaves, wash thoroughly and cut into thin slices. Melt a knob of butter in a pot and sauté the chopped onion. When it browns, add the artichokes. Season with a little salt and freshly ground pepper, then cover and cook for about 20 minutes on a low heat.

Pour a little oil in a pot, add the rice and sauté gently for a few minutes. When the rice is toasted, add the glass of dry white wine and let it evaporate.

Add piping hot vegetable stock, a little at a time, ensuring the heat is not too high, and continue to stir with a wooden spoon. When the rice is about half cooked, after about 10 minutes, add the artichokes and, after a few more minutes, add the previously cleaned, peeled scampi.

When cooked, add a large tablespoon of oil while stirring vigorously. Leave to stand for a minute, then serve.

Bigoli in salsa
Bigoli pasta in salsa

■ ☐ ☐

Ingredienti per 4 persone
- 400 g di bigoli
- 8 acciughe sotto sale (o sardine)
- 2 cipolle
- 100 ml di olio extravergine d'oliva
- sale
- pepe nero

Serves 4
- 400g (1 lb) of bigoli pasta
- 8 salted anchovies or sardines
- 2 onions
- 100 ml (½ cup) of extra virgin olive oil
- salt
- black pepper

Versare l'olio in un tegame largo. Affettare due grosse cipolle molto finemente e lasciarle soffriggere a fuoco basso con il coperchio senza farle colorire, aggiungendo eventualmente un po' di acqua calda della cottura della pasta se dovessero asciugarsi eccessivamente.

Nel frattempo preparare le acciughe lavate e diliscate e, quando le cipolle saranno trasparenti, aggiungerle al soffritto. Lasciar cuocere finché le acciughe saranno completamente sciolte e aggiustare con un pizzico di sale.

Intanto mettere i bigoli in abbondante acqua salata bollente e cuocerli al dente. Scolare la pasta molto velocemente e farla saltare con la salsa di acciughe e abbondante pepe nero.

Curiosità
Nella tradizione, i "bigoli in salsa" si mangiano nei giorni di magro come la Vigilia di Natale, il Mercoledì delle Ceneri e il Venerdì Santo.

Pour the oil into a wide skillet. Slice two large onions very finely, place in the skillet, cover and sauté over a low heat but do not brown; add a few spoons of hot pasta water if they dry out too much.

Meanwhile prepare the anchovies by washing and boning; when the onions are transparent, add the anchovies to the skillet. Leave to cook until the anchovies disintegrate completely, then add a pinch of salt.

Meanwhile cook the bigoli in boiling salted water until al dente. Drain the pasta very quickly and toss it in the anchovy sauce with plenty of black pepper.

Did you know that...
Traditionally, "bigoli in salsa" is eaten on days of abstinence like Christmas Eve, Ash Wednesday and Good Friday.

Pappardelle con rucola, scampi e ricotta affumicata

Pappardelle pasta with arugula, scampi and smoked ricotta

■ ☐ ☐

Ingredienti per 4 persone
- 400 g di pappardelle fresche
- 300 g di code di scampi
- 50 g di rucola tritata
- 50 g di ricotta affumicata
- 1 bicchiere di vino bianco secco
- 1 spicchio d'aglio intero
- 1 scalogno tritato finemente
- 4 cucchiai d'olio extravergine d'oliva
- sale

Serves 4
- 400g (1 lb) of fresh pappardelle pasta
- 300g (10 oz) of scampi tails
- 50g (2 oz) of chopped arugula
- 50g (2 oz) of smoked ricotta
- 1 glass of dry white wine
- 1 clove of garlic
- 1 finely chopped shallot
- 4 tbsps of extra virgin olive oil
- salt

Mettere a scaldare l'acqua per la cottura della pasta con una manciata di sale grosso e iniziare la preparazione del sugo.

In un tegame versare l'olio extravergine d'oliva insieme all'aglio intero e allo scalogno tritato.

Quando il soffritto è pronto versare le code degli scampi, il vino bianco e la rucola tritata. Mescolare bene e aggiungere la ricotta grattugiata.

Quando l'acqua bolle versare la pasta e lasciarla cuocere qualche minuto. Scolarla al dente e versarla direttamente nel tegame. Mescolare accuratamente la pasta perché si impregni con il sugo, spegnere il fuoco e servire.

A piacimento si consiglia una spolverata di pepe nero.

Heat the water for cooking the pasta with a handful of coarse salt and start preparing the sauce.

Pour the olive oil into a skillet with the whole garlic and chopped scallions.

When the sauce is ready, add the scampi tails, white wine and chopped arugula. Mix well then squeeze the ricotta through a potato masher into the skillet.

When the water boils add the pasta and cook for a few minutes. Drain when al dente and tip directly into the skillet. Mix the pasta thoroughly so it absorbs the sauce, turn off the heat and serve.

Sprinkle with black pepper to taste.

Tagliolini con granseola e pomodorini

Tagliolini pasta with spider crab and cherry tomatoes

■ ■ ◻

Ingredienti per 4 persone
- *400 g di tagliolini all'uovo*
- *2 granseole di media grandezza*
- *20-25 pomodorini*
- *½ bicchiere di vino bianco secco*
- *1 spicchio d'aglio*
- *olio extravergine d'oliva*
- *sale*
- *pepe nero da macinare*

Serves 4
- *400g (1 lb) of egg tagliolini*
- *2 medium-size spider crabs*
- *20-25 cherry tomatoes*
- *½ glass of dry white wine*
- *1 clove of garlic*
- *extra virgin olive oil*
- *salt*
- *black peppercorns to grind*

Dopo aver lavato accuratamente le granseole con acqua fredda, farle bollire in acqua salata per circa 20 minuti. Farle raffreddare e togliere la polpa dal carapace e dalle chele.

In una pentola versare un filo d'olio e lo spicchio d'aglio. Quando è ben caldo versare la polpa delle granseole e farla rosolare qualche minuto.

A fuoco vivo versare il vino e lasciare evaporare il liquido. Aggiungere i pomodorini tagliati e lasciar cuocere per un paio di minuti. Aggiustare di sale e pepe quindi spegnere il fuoco.

In una pentola cuocere la pasta e scolare qualche minuto prima della fine della cottura, avendo cura di versare un mestolo dell'acqua di cottura nella pentola del sugo insieme ai tagliolini. Finire la cottura e servire caldo.

Wash the spider crabs thoroughly in cold water and boil in salted water for about 20 minutes. Leave to cool and remove the pulp from the carapace and claws.

Pour a little oil into a pot and add garlic. When hot, add the spider crab flesh and sauté for a few minutes.

Turn the heat up high, add the wine and leave to evaporate. Add the chopped tomatoes and leave to simmer for a few minutes. Add salt and pepper and turn off the heat.

Cook the pasta in a pan and drain a few minutes before it is ready, but pouring a ladle of the cooking water into the sauce along with the pasta. Finish cooking and serve hot.

Pasta con cozze e portulaca
Pasta with mussels and summer purslane

■ ■ ▢

Ingredienti per 4 persone
- 400 g di pasta all'uovo
- 1 kg di cozze con conchiglie
- 1 bicchiere di vino bianco
- 1 spicchio d'aglio
- un rametto di portulaca
- olio extravergine d'oliva
- sale

Serves 4
- *400g (1 lb) of egg pasta*
- *1kg (2 lbs) of mussels in their shells*
- *1 glass of white wine*
- *1 clove of garlic*
- *1 sprig of summer purslane*
- *extra virgin olive oil*
- *salt*

Lavare accuratamente le cozze, strofinando anche le conchiglie. Scartare quelle non perfettamente chiuse.

Versare un filo d'olio in una pentola con l'aglio. Quando l'olio sarà ben caldo aggiungere le cozze e lasciarle rosolare qualche minuto prima di versare il vino bianco. Coprire la pentola e lasciar cuocere finché le cozze non si saranno aperte. Se alcune dovessero rimanere chiuse bisogna scartarle. Tenere da parte un po' del fondo di cottura.

Mettere i molluschi sgusciati in una pentola con un filo d'olio. Quando mancano un paio di minuti alla cottura della pasta, scolarla e versarla nella pentola insieme alle cozze. Mescolare accuratamente aggiungendo un poco per volta il fondo di cottura delle cozze in modo che la pasta rimanga morbida.

Aggiustare di sale e pepe. A fine cottura aggiungere qualche fogliolina di portulaca. Servire calda.

Thoroughly wash the mussels, also scrubbing the shells. Discard those not fully closed.

Pour a little olive oil in a pot with the garlic. When the oil is hot, add the mussels and leave to simmer for a few minutes before adding the white wine. Cover the pot and allow to cook until the mussels have opened. Discard any that are closed. Keep aside some of the cooking juices.

Put the shucked mussels in a pot with a little oil. When the pasta is almost ready, drain and pour into the pan with the mussels. Stir well, adding the cooking juices a little at a time, so that the pasta stays soft.

Add salt and pepper to taste. When cooked, add a few leaves of summer purslane. Serve hot.

Bavette con sarde e cipollotti

Bavette pasta with pilchards and spring onions

■ ■ ☐

Ingredienti per 4 persone
- 320 g di bavette
- 20 sarde fresche diliscate
- 400 g di cipollotti tritati
- 1 ciuffo di basilico
- olio extravergine d'oliva
- sale
- pepe

Serves 4
- 320g (12 oz) of bavette pasta
- 20 fresh boned pilchards
- 400g (1 lb) of chopped spring onions
- 1 sprig of basil
- extra virgin olive oil
- salt
- pepper

In un tegame abbastanza capiente (servirà anche per far saltare la pasta) versare un filo d'olio; quando sarà ben caldo aggiungere i cipollotti tritati e lasciare stufare dolcemente.

Nel frattempo versare la pasta nell'acqua bollente leggermente salata e portare a cottura facendo attenzione a lasciarla al dente.

Tritare le sarde finemente con le foglie di basilico e lasciarle da parte.

Quando la pasta è cotta scolarla e versarla nella pentola dei cipollotti, quindi saltare perché il tutto risulti omogeneo; aggiungere le sarde tritate con il basilico.

Mescolare accuratamente, quindi mantecare con dell'olio extravergine d'oliva e aggiungere sale e pepe a piacere.

Servire preferibilmente in un piatto fondo per mantenere il calore.

Pour a little olive oil into a large pan (big enough to toss the pasta afterwards) and heat. Add the chopped spring onions and sweat gently.

Meanwhile, pour the pasta into lightly salted boiling water and cook until al dente.

Chop the sardines finely with the basil leaves and set aside.

When the pasta is cooked, drain and pour into the pan with the spring onions then toss until it is evenly coated; add the chopped sardines and basil.

Mix thoroughly and then stir in the olive oil. Add salt and pepper to taste.

Best served in a bowl to keep it hot.

Pasta e fagioli
Pasta and beans

■ ■ ◻

Ingredienti per 4 persone
- 400 g di fagioli di Lamon
- 200 g di ditalini
- 1 cipolla
- 1 spicchio d'aglio intero
- 2-3 pomodori
- 1 peperoncino
- sale
- pepe

Serves 4
- 400g (1 lb) of Lamon beans
- 200g (8 oz) of ditalini pasta
- 1 onion
- 1 clove of garlic
- 2-3 tomatoes
- 1 chilli pepper
- salt
- pepper

Mettere i fagioli in una pentola
con i bordi alti con la cipolla,
l'aglio, i pomodori e il peperoncino.
Versare dell'acqua fredda fino a coprire
abbondantemente gli ingredienti.
Se si possiede una pentola a pressione
cuocere il tutto per 40 minuti, se invece
si utilizza una pentola normale mettere
il coperchio e lasciar cuocere finché i
fagioli non saranno morbidi.

Nel frattempo versare i ditalini in
una pentola di acqua bollente salata.

Quando i fagioli saranno cotti togliere
l'aglio e poco più della metà dei fagioli
e metterli da parte. Tutti gli ingredienti
rimasti nella pentola vanno frullati
accuratamente fino a ottenere una
morbida crema.

Scolare i ditalini al dente e aggiungerli
ai fagioli interi e alla crema. Aggiustare
di sale e pepe a piacimento, quindi
servire ben calda.

Suggerimento
Per rendere più sfiziosa la zuppa
aggiungere un filo d'olio extravergine
d'oliva nel piatto e servire con crostini
di pane a parte.

*Put the beans with onion, garlic,
tomatoes and chilli pepper in a tall pot.
Add enough cold water to cover the
ingredients completely. In a pressure
cooker the beans require 40 minutes
to cook; in an ordinary saucepan,
cover with a lid and allow to cook
until the beans are soft.*

*Separately, pour the ditalini into
a pot of boiling salted water.*

*When the beans are cooked, remove
the garlic and just over half of the
beans, and leave aside. All remaining
ingredients in the saucepan should be
blended thoroughly to make a soft cream.*

*Drain the ditalini al dente and add them
to the cream along with the whole beans
kept aside. Add salt and pepper to taste,
then serve piping hot.*

Tip
*To make the soup tastier, drizzle with
extra virgin olive oil directly in the bowl.
Serve with croutons on the side.*

Risotto agli scampi

Scampi risotto

■ ■ ◻

Ingredienti per 4 persone
- 320 g di riso Vialone Nano
- 300 g di scampi sgusciati
- una decina di pomodorini ciliegini
- mezzo bicchiere di brandy
- brodo di pesce
- 1 spicchio d'aglio
- parmigiano grattugiato
- una noce di burro
- olio extravergine d'oliva
- sale
- pepe bianco da macinare

Serves 4
- 320g (1¾ cups) Vialone Nano rice
- 300g (10 oz) of peeled scampi
- 10 diced cherry tomatoes
- ½ glass of brandy
- fish stock
- 1 clove of garlic
- grated parmigiano reggiano
- knob of butter
- extra virgin olive oil
- salt
- white peppercorns to grind fresh

In una padella scaldare un filo d'olio con uno spicchio d'aglio. Quando l'olio è ben caldo aggiungere gli scampi. Dopo qualche minuto versare il brandy e far fiammare per favorire l'evaporazione dell'alcol.

Unire i pomodorini precedentemente tagliati a cubetti. Lasciare andare la cottura qualche minuto, poi spegnere la fiamma e togliere lo spicchio d'aglio.

In una casseruola versare un filo d'olio extravergine d'oliva e il riso, lasciandolo tostare per qualche minuto evitando che si bruci.

Unire gli scampi con il loro sugo e, continuando a mescolare, aggiungere il brodo di pesce. Durante la cottura aggiungere sale e pepe bianco macinato al momento.

A fine cottura, dopo circa 14-15 minuti, spegnere il fuoco e mantecare il risotto aggiungendo una noce di burro e una manciata di parmigiano grattugiato.

Suggerimento
Per creare un risotto più cremoso basta mescolare con forza e velocemente mentre si aggiunge il parmigiano grattugiato.

Heat a little oil in a skillet with a clove of garlic. When the oil is hot, add the scampi. After a few minutes pour in the brandy and flambé to evaporate the alcohol.

Add the tomatoes and cook for a few minutes, then turn off the heat and remove the garlic clove.

Drizzle some extra virgin olive oil into a saucepan, add the rice and toast for a few minutes, continuing to stir so it does not burn.

Add the scampi with their juices and stir in the fish stock. Add salt when cooking, and freshly ground white pepper when serving.

When cooked, after about 14-15 minutes, turn off the heat, add a knob of butter and handful of grated parmigiano.

Tip
For a creamier risotto stir the rice more vigorously and quickly while adding grated parmigiano reggiano.

Tagliatelle al nero di seppia con canocchie

Cuttlefish ink tagliatelle with mantis shrimp

■ ■ ■

Ingredienti per 4 persone
Per la pasta:
200 g farina bianca tipo 00
2 uova
2 sacchetti di inchiostro di seppia

Per il sugo:
16 canocchie
2 peperoncini interi
14-16 pomodori Pachino
1 bicchiere di vino bianco secco
1 spicchio d'aglio
olio extravergine d'oliva
prezzemolo tritato
sale

Serves 4
For the pasta:
200g (1¾ cups) of all-purpose white flour
2 eggs
2 cuttlefish ink sacs

For the sauce:
16 mantis shrimp
2 whole chillis
14-16 Pachino tomatoes
1 glass of dry white wine
1 clove of garlic
extra virgin olive oil
chopped parsley
salt

Preparazione della pasta

Disporre la farina a fontana su un ripiano, al centro mettere le uova sgusciate, il nero di seppia e un pizzico di sale. Impastare fino a ottenere una pasta morbida e liscia. Spargere un po' di farina sul banco da lavoro in modo che la pasta non si attacchi. Formare una pallina e lasciare riposare l'impasto per un'oretta coprendo con un panno o una bacinella.

Se non si dispone della macchina per tirare la pasta, basta utilizzare un mattarello, avendo cura di infarinarlo adeguatamente. Una volta tirata la sfoglia ripiegarla più volte su se stessa e procedere tagliando la pasta con una larghezza di circa ½ cm. Aprendo le rotelline tagliate si avranno le tagliatelle.

Preparazione del sugo

Lavare accuratamente le canocchie con acqua fredda, fare un'incisione su tutta la lunghezza del dorso per togliere la corazza e, a piacere, anche la testa. In una pentola versare un filo d'olio, lo spicchio d'aglio e i due peperoncini. Se si gradisce un gusto più forte si possono sbriciolare invece che lasciarli interi.

>>>

How to make the pasta

Make a well of flour on a pastry board, add the eggs, cuttlefish ink and a pinch of salt. Knead the dough until it is soft and smooth, sprinkling flour on the board to stop it sticking. Form a ball and let the dough rest for an hour covered with a cloth or a basin.

If no pasta maker is available to draw the dough, use a rolling pin, sprinkling with plenty of flour. When the dough has been rolled out, fold it over on itself and cut strips of about ½ cm (1/10 inch) in width. The rolled dough unravels into tagliatelle.

How to make the sauce

Thoroughly wash the mantis shrimp in cold water, making an incision along the entire length of the back to remove the armour, and the head if preferred. Pour a little oil in a pot and add the garlic and two chillis. For a stronger taste, crumble the chillis instead of leaving them whole.

When the oil is hot, add the mantis shrimp and leave to brown for a few minutes. Pour in the wine and when it has evaporated, add the tomatoes sliced lengthwise.

>>>

<<<

Quando l'olio è ben caldo aggiungere le canocchie e lasciarle rosolare un paio di minuti girandole. Versare il vino e, quando sarà evaporato, aggiungere i pomodorini tagliati per il lungo. Aggiustare di sale e pepe e lasciare cuocere per un paio di minuti.

In una pentola portare a ebollizione abbondante acqua salata e versarvi le tagliatelle. Scolare al dente e metterle nella pentola del sugo per finire la cottura, in modo da amalgamare la pasta con il condimento. Servire ben caldo.

Suggerimenti
Quando si fa la pasta fresca è consigliabile avere sempre vicino della farina in più perché la tipologia della uova può influire sulla quantità necessaria. È sempre utile inoltre infarinare i ripiani e gli utensili in modo che la pasta non si attacchi.

Quando acquistate delle seppie e non vi serve il loro nero, non buttatelo: basta conservarlo in congelatore e, quando serve, lasciarlo scongelare a temperatura ambiente.

<<<

Add salt and pepper, and cook for a few minutes.

Bring plenty of salted water to the boil in a pot and add the pasta. Drain when al dente and tip into the pot of sauce to finish cooking, so that the pasta mixes well with the sauce. Serve piping hot.

Tips
When making fresh pasta it is always a good idea to have extra flour to hand because more may be needed depending on the type of eggs used. Also, it is always useful to dust the pastry boards and utensils with flour so the pasta does not stick.

When cooking cuttlefish, store any unused ink in the freezer and thaw at room temperature when needed.

Spaghetti alla busara

Spaghetti alla busara

■ ☐ ☐

Ingredienti per 4 persone
- 400 g di spaghetti
- 600 g scampi interi
- 4 cucchiai di polpa di pomodoro
- olio extravergine d'oliva
- 2 spicchi di aglio
- ½ bicchiere di vino bianco
- pangrattato
- peperoncino
- sale
- pepe

Serves 4
- 400g (1 lb) of spaghetti
- 600g (20 oz) whole scampi
- 4 tbsps of tomato pulp
- extra virgin olive oil
- 2 cloves of garlic
- ½ glass of dry white wine
- breadcrumbs
- chilli pepper
- salt
- pepper

In un tegame abbastanza capiente versare 4 cucchiai d'olio, far imbiondire l'aglio e aggiungere gli scampi ben lavati. Farli cuocere qualche minuto e mescolare di tanto in tanto.

Aggiungere la polpa di pomodoro e sfumare con il vino, quindi lasciar bollire per una decina di minuti, mescolando e aggiungendo sale, pepe e peperoncino a piacere.

Nel frattempo far bollire l'acqua per gli spaghetti e scolarli al dente.

Due minuti prima di spegnere il fuoco buttare un po' di pangrattato sugli scampi per assorbire il liquido in eccesso.

Unire gli spaghetti al sugo nel tegame per amalgamarli e servire avendo cura di dividere equamente gli scampi in ogni porzione.

Pour 4 tablespoons of oil into a large skillet, sweat the garlic and add the scampi, which have been well washed. Cook for a few minutes and stir occasionally.

Add the chopped tomatoes and deglaze with the wine, then simmer for about 10 minutes, stirring and adding salt, pepper and paprika to taste.

Meanwhile, boil the water and drain the spaghetti al dente.

Two minutes before turning down the heat, sprinkle some breadcrumbs over the scampi to absorb excess liquid.

Add the spaghetti to the sauce in the pan, stir and serve, ensuring each portion has the same amount of scampi.

119 Il go
Goby

Questo pesce non è particolarmente pregiato né ricercato ma, conoscendone le caratteristiche, a Burano riescono a proporre un ottimo risotto.
Il go (o ghiozzo) è un piccolo pesce che raggiunge una taglia massima di 25 cm. Ha la caratteristica di scavare tane nel fango, profonde fino a un metro. Le tane assumono forma e dimensioni diverse, a seconda che vengano utilizzate per lo svernamento, la riproduzione o durante il periodo estivo. I pescatori vanno nelle "barene", le tipiche terre della Laguna Nord di Venezia periodicamente sommerse dalla marea, alla ricerca dei "busi de go" (i buchi del go) durante le basse maree. Questi pesci vengono catturati e non pescati perché la tecnica consiste nell'infilare le braccia nei due fori d'entrata che i go scavano nel fango della barena, afferrando con le mani le intere famiglie che vi si trovano. È un pesce che viene quasi esclusivamente utilizzato per preparare il brodo più che per essere cucinato da solo.

This fish is not particularly prized, nor sought after, but on Burano they know all its secrets and use it to make an excellent risotto.
The goby is a small fish that grows to no more than ten inches and has the odd habit of burrowing into the mud, even as deep as three feet. Burrows take on different shapes and sizes depending on whether they are used in winter, in summer or for breeding. At low tide fishermen go in search of "busi de go" (goby holes) on the "barene", plots of land typical of the northern Venetian lagoon made up of sandbanks sporadically submerged by the tide. These fish are caught, not fished, because the fishermen push their arms into the two holes that the gobies dig in the sandbank, grabbing entire families with their bare hands. The goby is used mainly to prepare stock and is rarely cooked alone.

Risotto con il go
Goby risotto

■ ■ ☐

Ingredienti per 4 persone
- *320 g di riso Vialone Nano*
- *800 g di go di laguna*
- *1 cipolla di medie dimensioni*
- *1 gambo di sedano*
- *1 noce di burro*
- *parmigiano reggiano grattugiato*
- *olio extravergine d'oliva*
- *pepe bianco da macinare*
- *prezzemolo tritato a piacere*

Serves 4
- *320g (1¾ cups) Vialone Nano rice*
- *800g (2 lbs) of lagoon goby*
- *1 medium-size onion*
- *1 stalk of celery*
- *1 knob of butter*
- *grated parmigiano reggiano*
- *extra virgin olive oil*
- *white peppercorns to grind fresh*
- *chopped parsley to taste*

Preparazione del brodo di go
In una pentola versare un paio di litri d'acqua. Immergere il go di laguna insieme alla cipolla e al gambo di sedano.

Far bollire dolcemente, a fuoco molto basso, per 1 ora e 30 minuti. Con una schiumarola asportare la schiuma che si forma sopra l'acqua. A cottura ultimata il pesce sarà completamente sciolto nel brodo.

Spegnere il fuoco e aggiungere 3 cucchiai d'olio extravergine d'oliva e del pepe bianco macinato al momento.

Filtrare il brodo spostandolo in un'altra pentola.

Preparazione del risotto
In una casseruola versare un filo d'olio extravergine d'oliva e il riso, quindi tostarlo per qualche minuto, continuando a mescolarlo perché non bruci.

>>>

How to make goby stock
Pour 4 pints of water into a pot. Immerse the lagoon goby along with the onion and celery stalk.

Boil gently on a low heat for about 90 minutes. Use a skimmer to remove the froth that forms on the water.

When cooked, the fish will dissolve completely in the stock. Turn off the heat and add 3 tablespoons of extra virgin olive oil, and freshly ground white pepper.

Filter the stock into another pot.

How to prepare the risotto
Drizzle extra virgin olive oil into a saucepan, add the rice and toast for a few minutes, continuing to stir so it does not burn.

Add the goby stock, stirring until the rice is cooked, which takes 14-15 minutes.

>>>

<<<

Aggiungere il brodo di go continuando a mescolare fino a completa cottura, per circa 14-15 minuti.

A cottura terminata, spegnere il fuoco e aggiungere una noce di burro e una spolverata di parmigiano. A piacere aggiungere del prezzemolo tritato.

Suggerimento
Quando si aggiunge il brodo al risotto la temperatura deve sempre essere vicina al bollore in modo da non provocare degli shock termici al risotto che potrebbero creare delle rotture dei chicchi o una cottura non omogenea.

<<<

When cooked, turn off the heat and add a knob of butter, then sprinkle with parmigiano.

Add chopped parsley to taste.

Tip
When adding the stock it should always be near boiling point to avoid temperature changes to the risotto which may crack the rice or cause it to cook unevenly.

Spaghetti con le cozze al pomodoro

Spaghetti with mussels in tomato sauce

■ ■ □

Ingredienti per 4 persone
- *400 g di spaghetti*
- *1 kg di cozze con conchiglie*
- *1 confezione di passata di pomodoro a pezzettini*
- *1 bicchiere di vino bianco*
- *1 spicchio d'aglio*
- *olio extravergine d'oliva*
- *sale*
- *pepe*

Serves 4
- *400g (1 lb) of spaghetti*
- *1kg (2 lbs) of mussels in their shells*
- *1 can of chopped tomatoes*
- *1 glass of dry white wine*
- *1 clove of garlic*
- *extra virgin olive oil*
- *salt*
- *pepper*

Lavare accuratamente le cozze, strofinando anche le conchiglie. Scartare quelle non perfettamente chiuse.

Versare un filo d'olio in una pentola con l'aglio. Quando l'olio sarà ben caldo versare le cozze, lasciarle rosolare qualche minuto e versare il vino bianco. Coprire la pentola e lasciare cuocere finché le cozze non si apriranno. Scartare quelle che rimangono chiuse. Togliere le cozze, lasciare da parte 12 conchiglie e procedere a sgusciare le rimanenti. Tenere da parte un po' del fondo di cottura delle cozze.

In una padella versare un filo d'olio. Quando sarà ben caldo versare il pomodoro e lasciare cuocere per una decina di minuti. Aggiungere i molluschi sgusciati con mezzo mestolo del loro fondo di cottura. Aggiustare di sale e pepe a piacere e lasciare andare per 5-6 minuti a fuoco vivo.

In una pentola di acqua bollente cuocere gli spaghetti. Quando mancano 4-5 minuti alla cottura al dente, scolarli e versarli nel sugo. Far amalgamare il tutto e terminare la cottura. Dividere la pasta in 4 piatti e utilizzare le cozze con il guscio per guarnire. Servire caldo.

Thoroughly wash the mussels, also scrubbing the shells. Discard those not fully closed.

Pour a little olive oil in a pot with garlic. When the oil is hot, add the mussels and leave to simmer for a few minutes before adding the white wine. Cover the pot and cook the mussels until they open. Discard those that are still closed. Remove the mussels, leave aside 12 shells, and shuck the rest. Keep aside some of the cooking juices.

Drizzle olive oil into a skillet. When it is hot add the tomatoes and cook for 10 minutes. Add the shucked shellfish with half a ladle of stock. Add salt and pepper to taste, and simmer for 5-6 minutes on a high heat.

Cook the spaghetti in a pot of boiling water. 4-5 minutes before the pasta is al dente, drain and pour into the sauce. Stir well and finish cooking. Plate up 4 portions of pasta and garnish with the mussel shells that were kept aside. Serve hot.

125 Risi e bisi
Rice and peas

"Risi e bisi" è una ricetta tipica dell'intera regione veneta, ma ha il proprio fulcro storico nella Serenissima. Era tradizione nella città di Venezia offrire risi e bisi al Doge in occasione del patrono della città, San Marco, che cade il 25 aprile.

Nell'Ottocento questo piatto viene anche eletto a simbolo della lotta contro gli occupanti austriaci. Il grido "Risi e bisi e fragole" (bianco, rosso e verde come il tricolore italiano) era l'equivalente veneziano del "Viva Verdi" che la folla gridava contro l'occupazione.

Ancora oggi persiste la discussione se questo piatto sia un risotto o una minestra, ma in realtà la tradizione vuole che non sia né l'uno né l'altro. Semplicemente si pone nel mezzo: deve essere infatti non troppo asciutto, né troppo brodoso ma "all'onda", cioè abbastanza morbido da scivolare verso il bordo se si inclina il piatto. Ogni famiglia ha elaborato la propria ricetta con alcune varianti gelosamente custodite e che si tramandano di madre in figlia. Sono pochi i ristoranti che seguono la tradizione di cucinarlo il 25 aprile, ma nelle famiglie essa resta ancora viva.

This pea and rice recipe is typical of the Veneto region, but its history and tradition are rooted in the city of Venice. It was a custom here to offer risi e bisi to the Doge on 25 April, the feast day of the patron, Saint Mark.

In the 1800s this dish became a symbol for the struggle against the occupying Austrians. The cry "Risi e bisi e fragole" (white rice, green peas and red strawberries, like the Italian flag) was the Venetian equivalent of the "Viva Verdi" shouted by the crowds against the occupation.

There is an ongoing debate as to whether this dish is a risotto or a soup, but tradition has it that it is neither and is somewhere in the middle: it must not be too dry or too liquid, but "all'onda", which means it slides to the rim of the dish when tilted.

Every family has its own recipe, with jealously guarded variants handed down from generation to generation. Not many restaurants keep the tradition of serving it on 25 April, but families certainly do.

Risi e bisi

Rice and peas

■ ■ ☐

Ingredienti per 4 persone
- 320 g di riso Vialone Nano
- 1 kg di piselli freschi sgranati
- 1 dado
- 1 cipolla tritata
- 1 noce di burro
- parmigiano reggiano grattugiato
- olio extravergine d'oliva
- sale
- pepe

Serves 4
- 320g (1¾ cups) Vialone Nano rice
- 1kg (2 lbs) of fresh shelled peas
- 1 stock cube
- 1 chopped onion
- 1 knob of butter
- grated parmigiano reggiano
- extra virgin olive oil
- salt
- pepper

Preparazione del brodo
Versare in una pentola 1,5 l di acqua con il dado e portare a ebollizione.

Preparazione del risotto
In una pentola soffriggere in un filo d'olio la cipolla e il riso.

Lasciarlo tostare per un minuto, quindi unire i piselli. Aggiungere lentamente per tutta la cottura il brodo ben caldo.

A fine cottura, dopo circa 15-18 minuti, aggiungere del sale se manca di sapore, quindi procedere con la mantecatura aggiungendo il burro e il parmigiano. Il riso deve restare cremoso, "all'onda" cioè abbastanza morbido da scivolare verso il bordo se si inclina il piatto.

Mescolare vigorosamente, quindi servire in tavola.

How to make the stock
Prepare a pan with 3 pints of water and the stock cube; bring to the boil.

How to prepare the risotto
Sauté the onion and the rice in a pan with a dash of olive oil.

Toast the rice for 1 minute then add the peas. Slowly drizzle in the hot stock for the entire cooking time.

When cooked, after about 15-18 minutes, add salt if required, then stir in the butter and parmigiano. The rice should be creamy, "all'onda", which means it will slide to the rim of the plate if it is tilted.

Stir vigorously and serve.

127

Risi e patate

Rice and potatoes

■ ■ ▢

Ingredienti per 4 persone
- 320 g di riso Vialone Nano
- 3 patate di media grandezza
- 1 dado vegetale
- 1 cipolla tritata
- 1 rametto di rosmarino
- parmigiano reggiano grattugiato
- olio extravergine d'oliva
- sale
- pepe

Serves 4
- 320g (1¾ cups) Vialone Nano rice
- 3 medium-sized potatoes
- 1 vegetable stock cube
- 1 chopped onion
- 1 sprig of rosemary
- grated parmigiano reggiano
- extra virgin olive oil
- salt
- pepper

Preparazione del brodo
Versare in una pentola 1,5 l d'acqua con il dado vegetale e portare a ebollizione.

Preparazione del risotto
In una pentola soffriggere in un filo d'olio la cipolla e il rosmarino tritato.

Unire le patate tagliate a pezzi piccoli e far rosolare.

Aggiungere il riso e lasciarlo tostare un minuto mescolando con un cucchiaio di legno. Quindi versare lentamente per tutta la cottura il brodo ben caldo avendo cura di mescolare sempre.

A fine cottura, dopo circa 20 minuti, aggiungere del sale se manca di sapore, quindi mantecare con il burro e il parmigiano.

Come per i "risi e bisi" anche in questo caso il risotto dovrà risultare "all'onda", cioè abbastanza morbido da scivolare verso il bordo se si inclina il piatto.

Mescolare vigorosamente, quindi servire in tavola.

How to make the stock
Prepare a pan with 3 pints of water and the stock cube; bring to the boil.

How to prepare the risotto
Sauté the onion and the chopped rosemary in a pan with a dash of olive oil.

Cut the potatoes into small pieces, add to the pan and brown.

Add the rice and toast for 1 minute, stirring with a wooden spoon. Slowly drizzle in the hot stock for the entire cooking time, stirring all the while.

When cooked, after about 20 minutes, add salt if required, then stir in the butter and parmigiano.

As for "risi e bisi", this dish should also be "all'onda", which means it will slide to the rim of the plate if it is tilted.

Stir vigorously and serve.

Risotto al nero di seppia
Risotto with cuttlefish ink

■ ■ ◻

Ingredienti per 4 persone
- *320 g di riso Vialone Nano*
- *600 g di seppie circa*
- *800 ml di brodo vegetale*
o di pesce
- *½ bicchiere di vino bianco secco*
- *½ cipolla*
- *1 spicchio d'aglio*
- *olio extravergine d'oliva*
- *sale*
- *pepe*

Serves 4
- *320g (1¾ cups) Vialone Nano*
rice
- *600g (20 oz) of cuttlefish*
- *800 ml (1 pint) of vegetable*
or fish stock
- *½ glass of dry white wine*
- *½ onion*
- *1 clove of garlic*
- *extra virgin olive oil*
- *salt*
- *pepper*

Lavare le seppie, togliere la pelle e l'osso centrale. Asportare delicatamente i sacchetti dell'inchiostro, avendo cura di conservarli, quindi procedere con la bocca e gli occhi. Lavare con abbondante acqua. Quando le seppie risulteranno bianche asciugarle e tagliarle a listarelle.

In una pentola versare un filo d'olio, la mezza cipolla tritata e lo spicchio d'aglio. Quando il soffritto prende colore togliere l'aglio e versare le seppie. Rosolare per qualche minuto mescolando. Sfumare con il vino bianco fino a completa evaporazione e aggiungere il nero delle seppie mescolando bene. Versare un paio di mestoli di acqua calda, coprire e cuocere per 20 minuti a fuoco lento.

In una pentola versare un filo d'olio. Quando è ben caldo versare il riso per la tostatura. Mescolare per un paio di minuti, quindi versare un mestolo di brodo per volta. Dopo una decina di minuti versare nel riso il sugo delle seppie e cuocere continuando ad aggiungere il brodo ben caldo al bisogno.

A cottura ultimata spegnere il fuoco, aggiustare di sale e pepe e mantecare con un filo d'olio mescolando energicamente. Servire ben caldo.

Wash the cuttlefish, remove the skin and the central bone. Gently remove the ink sacs, keeping aside carefully, then remove the mouth and eyes. Wash with plenty of water. When the cuttlefish are white, dry and cut into strips.

Pour a little oil, the chopped onion and garlic clove into a pan. When the onion and garlic are browned, remove the garlic and add the cuttlefish. Fry for a few minutes while stirring. Deglaze with white wine, evaporating completely, then add the cuttlefish ink, stirring vigorously. Pour in a couple of ladles of hot water, cover, and cook over low heat for 20 minutes.

Pour a little olive oil in a pan and when hot, add the rice and toast it. Stir for a few minutes then add a ladle of stock at a time. After about 10 minutes pour the cuttlefish sauce over the rice and continue to cook, adding hot stock as needed.

When cooked, turn off the heat, add salt and pepper to taste, and stir in a little oil, stirring vigorously. Serve piping hot.

Pappardelle con scampi e radicchio di Treviso

Pappardelle with scampi and Treviso radicchio

■ ■ ☐

Ingredienti per 4 persone
- 400 g di pappardelle
- 24 code di scampi
- 2 cespi di radicchio di Treviso
- olio extravergine d'oliva
- sale
- pepe

Serves 4
- 400g (1 lb) of pappardelle pasta
- 24 scampi tails
- 2 heads of Treviso radicchio
- extra virgin olive oil
- salt
- pepper

Eliminare le foglie esterne del radicchio, tagliarlo per il lungo e poi farlo a pezzettini. Lavarlo accuratamente più volte con acqua fredda in modo che risulti meno amaro nella cottura.

Lavare accuratamente le code degli scampi con acqua fredda.

Versare un filo d'olio in una pentola. Quando è ben caldo mettere il radicchio e lasciarlo soffriggere per 2 minuti. Aggiungere a questo punto gli scampi e spegnere subito il fuoco. Aggiustare con sale e pepe e mettere da parte.

In una pentola portare a cottura le pappardelle. Scolarle 3-4 minuti prima del termine della cottura e fare attenzione a mettere da parte un po' di acqua di cottura.

Accendere il fuoco sotto la pentola del radicchio e degli scampi e versare le pappardelle. Aggiungere un po' d'acqua di cottura e finire di cuocere mescolando accuratamente. Se la pasta si asciuga troppo aggiungere dell'altra acqua di cottura per mantenerle morbide. Servire caldo e, a piacere, con un filo d'olio.

Remove the outer radicchio leaves, cut lengthwise and then chop into pieces. Wash thoroughly with cold water several times so that it is less bitter when cooked.

Wash the scampi tails carefully in cold water.

Pour a little olive oil in a pan and when it is hot, add the radicchio and sauté for 2 minutes. Now add the scampi and turn off the heat immediately. Add salt and pepper to taste, and keep aside.

Cook the pappardelle in a pot and drain 3-4 minutes before fully cooked, ensuring some of the water is kept aside.

Turn on the heat under the pan of radicchio and scampi, and pour in the pappardelle. Add some of the pasta water and finish cooking, stirring carefully. If the pasta is too dry, add more cooking water to keep it soft. Serve hot and with a little olive oil to taste.

Vero Ritratto
di un Rinoceronte
Condotto in Venezia
l'anno 1751
Fatto per mano di
Pietro Longhi
per Commissione
del N.O. Giovanni Grimani
dei Servi Patrizio Veneto

Gnocchetti di zucca al sapore di ostriche

Pumpkin gnocchetti pasta with a hint of oyster

■ ■ ■

Ingredienti per 4 persone
- *1 zucca da 1 kg circa*
- *100 g di farina bianca tipo 00*
- *1 uovo*
- *4 ostriche*
- *una noce di burro*
- *prezzemolo tritato a piacere*
- *sale*
- *pepe*

Serves 4
- *1kg (2 lbs) of pumpkin*
- *100g (¾ cup) of all-purpose white flour*
- *1 egg*
- *4 oysters*
- *1 knob of butter*
- *chopped parsley to taste*
- *salt*
- *pepper*

Preparazioni degli gnocchi

Tagliare la zucca a fette delle stesso spessore, eliminare la buccia e i semi, quindi disporre la polpa in una teglia ricoperta con carta da forno.

Salare e infornare a 160 °C per circa 20-30 minuti. La zucca sarà pronta quando schiacciandola con una forchetta risulterà morbida. Toglierla dal forno e lasciarla raffreddare.

Schiacciare la zucca con uno schiacciapatate (si può utilizzare una forchetta se si preferisce sentire i pezzetti di zucca).

Sul tavolo posizionare la crema di zucca ottenuta e al centro inserire l'uovo, la farina, sale e pepe, quindi procedere amalgamando il tutto fino a formare una pasta morbida.

Si prosegue creando gli gnocchi. Se si preferiscono forme più regolari basta realizzare dei cordoncini con una parte della pasta e tagliare con un coltello pezzetti di grandezza omogenea. Oppure con l'aiuto di due cucchiai creare i singoli gnocchi che risulteranno meno omogenei ma più originali.

How to make the gnocchetti

Cut the pumpkin into slices of the same thickness, remove the peel and seeds, then arrange the slices on a baking sheet covered with oven paper.

Bake at 160 °C (320 °F) for 20-30 minutes. The pumpkin is ready if it feels soft when pressed gently with a fork. Remove from the oven and allow to cool.

Mash the pumpkin with a potato masher (or a fork for a grainier texture).

Pour the creamed pumpkin onto the pastry board and add the egg, flour, salt and pepper, then mix to form a soft dough.

To shape the gnocchetti either form long strips with some of the dough and then cut into pieces of the same size, or with the help of two spoons create individual pieces, which will be less uniform but more original.

<<<

Preparazione delle ostriche
Pulire l'esterno delle ostriche con acqua fredda e, poco prima di servirle, aprirle con un coltello corto e sottile. Si tiene solo la metà conchiglia che contiene il mollusco. Nell'attesa di utilizzarle, posizionarle su un piatto cosparso di ghiaccio, facendo attenzione a non far uscire il liquido.

Mettere sul fuoco una pentola capiente con dell'acqua, aggiungere il sale e quando bolle versare gli gnocchi (se la pentola non è abbastanza larga cuocere in due volte).

Appena gli gnocchi vengono a galla, scolarli e metterli in una ciotola, aggiungere il burro precedentemente fuso e mescolare delicatamente per non rompere gli gnocchi. A piacere aggiungere il prezzemolo tritato.

Impiattare in 4 porzioni e guarnire con un'ostrica pulita, facendo attenzione a non perdere il liquido. A parte servire dei pezzi di limone per gustare le ostriche.

>>>

<<<

How to prepare the oysters
Clean the exterior of the oysters with cold water and before serving, open with a short, thin knife. Keep only the half-shell that contains the oyster. While waiting to use them, place them on a plate sprinkled with ice, being careful not to let the liquid leak out.

Heat a large pot of water, add salt and when it boils pour in the gnocchi (if the pot is not large enough, cook in two batches).

As soon as the gnocchetti float to the top, drain and place in a bowl with previously melted butter, stir gently to avoid crushing the pasta. Add chopped parsley to taste.

Serve up 4 portions and garnish with a fresh oyster, being careful not to spill the oyster liquid. Serve with slices of lemon on the side for the oysters.

>>>

<<<

Suggerimenti

Quando si lavora la pasta per creare
gli gnocchi bisogna ottenere un
impasto uniforme: questo passaggio
è molto importante perché permette
di eliminare le crepe superficiali che
potrebbero far rompere lo gnocco
una volta gettato nell'acqua bollente.

Prima di buttare gli gnocchi si consiglia
di versarne nell'acqua bollente solo
3 o 4 per verificare che non si sciolgano.
Se non rimangono perfettamente
compatti basta rimpastare aggiungendo
un pochino di farina.

Variante

Una variazione, apprezzata da chi non
ama molto il sapore dolce della zucca,
consite nel sostituire metà dose di
zucca con la stessa quantità di patate.
Il procedimento è lo stesso, basta
cuocere le patate a parte in acqua
bollente mentre la zucca è in forno,
quindi, nella fase in cui la zucca viene
messa nello schiacciapatate, schiacciare
anche le patate e unire i due impasti.
Gli gnocchi risulteranno di una
consistenza meno granulosa.

<<<

Tips

*When kneading the dough to make
gnocchi, the mixture has to be smooth
and this step is very important because
it stops any surface cracks that might
break the gnocchi when they are tipped
into the boiling water.*

*Before pouring the gnocchetti into the
boiling water, test 3 or 4 to ensure they
do not crumble. If they do not remain
perfectly compact, simply knead again,
adding a little flour.*

Variation

*A variation, preferred by those who
do not like the sweetness of pumpkin,
is to replace half the pumpkin with the
same amount of potato. The procedure
is the same: just cook the potatoes
separately in boiling water while
the pumpkin is in the oven and when
mashing the pumpkin, mash the potatoes
also and mix the two. The gnocchetti
will be less grainy in texture.*

Secondi piatti
Second courses

Moeche fritte
Fried soft-shell crabs

■ ▢ ▢

Ingredienti per 4 persone
- 1 kg di moeche vive
- 200 g di farina tipo 00
- olio di semi di arachidi
per friggere
- sale
- spicchi di limone

Serves 4
- 1kg (2 lbs) of live soft-shell
Venetian lagoon crabs
- 200g (1¾ cups) of all-purpose
white flour
- peanut oil for frying
- salt
- lemon wedges

Lavare le moeche con abbondante acqua salata. Tagliare le estremità delle zampe e farle sgocciolare bene. Infarinarle.

Friggerle velocemente nell'olio a 170 °C per 3-4 minuti finché risultino dorate e croccanti.

Toglierle dall'olio e asciugarle con della carta, aggiungere un po' di sale e servirle con degli spicchi di limone.

Suggerimento
Una variante molto utilizzata di questa ricetta prevede di mettere le moeche ancora vive in una ciotola con l'uovo sbattuto. Dopo aver coperto il recipiente vanno lasciate per circa un paio d'ore, finché non avranno mangiato tutto l'uovo. A questo punto, quando saranno praticamente ripiene, si prosegue con l'infarinatura e la frittura.

Wash the crabs in plenty of salted water. Trim the tip of the claws and drain well, then dredge in flour.

Fry quickly in the oil at 170 °C (340 °F) for 3-4 minutes until they are crisp and golden.

Remove from the oil and dry with paper; add a little salt and serve with lemon wedges.

Tip
A version of this recipe uses live crabs placed in a bowl with beaten egg. After covering the bowl, it is left for a couple of hours, until the crabs have eaten all the egg. At this point, they are practically filled and can be dredged in flour and deep fried.

Moeche
Moeche

Le moeche fritte sono una specialità gastronomica tipicamente veneziana. Anche se questo granchio verde è il più diffuso nel Mediterraneo, solo nella Laguna a nord di Venezia, in particolare nella zona di Burano, è al centro di questa particolare attività di pesca-allevamento e di interesse gastronomico. Durante la loro crescita i granchi devono cambiare muta alcune volte per poter aumentare di volume. Durante questo processo il granchio esce dall'esoscheletro per poter aumentare le proprie dimensioni e creare così una nuova corazza adatta a contenerlo. In questa fase si presenta molto tenero e quindi indifeso dal possibile attacco di altri animali, anche degli altri granchi. È proprio in questo arco temporale, che dura una quindicina di ore, che diventa una prelibatezza della cucina veneziana. È un'attività stagionale che segue i ritmi di crescita dei crostacei e ha le sue punte nel periodo primaverile e autunnale. Non ci sono però date precise perché la temperatura dell'acqua e l'andamento climatico influenzano molto questo passaggio.

I pescatori dediti a questa attività si chiamano "moecanti", e oggi non sono molti, circa una quarantina. Vi è il rischio che, nel giro di alcuni

Fried moeche are a gourmet dish typical of Venice. Although this green crab is the most widespread in the Mediterranean, only in the lagoon north of Venice, in particular in the Burano area, is it at the heart of this unique fishing-breeding and culinary business.
As crabs grow they must change shells several times in order to increase their volume. During this process the crab comes out of its exoskeleton to increase its size and then creates a new shell to fit. At this stage it is very tender and hence defenceless against possible attack from other animals, including fellow crabs. It is precisely in this period, which lasts about 15 hours, that it becomes a delicacy of Venetian cuisine. It is a seasonal activity that follows the crustacean growth patterns and peaks in spring and autumn. There are specific dates, however, because the water temperature and climatic conditions affect this stage.

Fishermen engaged in this activity are called "moecanti", and there are few of them nowadays, only about 40. There is a risk that within a few years this speciality will disappear due to a lack of generational change in these particular fishermen. The selection of the crabs at various stages requires knowledge and

anni, questa specialità scompaia anche per il mancato ricambio generazionale di questi particolari pescatori.

La selezione dei granchi nelle varie fasi necessita di conoscenze e abilità che determinano in modo sostanziale l'andamento della produzione di moeche. La moeca è diventata Presidio Slow Food, a causa della concorrenza dell'attività di allevamento e raccolta delle vongole veraci e dell'inquinamento che fanno temere l'estinzione di questa tradizione. I granchi sono catturati con particolari reti da pesca posizionate sui fondali della laguna. Una volta raccolti inizia la fase della cernita, che deve essere molto accurata per riuscire a riconoscere i granchi "boni", pronti alla muta in tempi brevi, gli "spiantani", che muteranno nel giro di qualche giorno, e i "matti", che invece non muteranno più nel corso della stagione di raccolta. Questi ultimi ovviamente vengono ributtati in mare, mentre "piantani" e "boni" vengono tenuti separati. Di solito questa selezione viene effettuata già in barca.

Terminata la fase di selezione i granchi vengono separati per tipologia in appositi contenitori, i "vieri", casse di legno che permettono all'acqua di circolare una volta immerse nel canale. L'ultima fase è forse la più faticosa perché più volte al giorno i "vieri" vanno aperti e

skill that have a substantial effect on the production of moeche. *The moeca has become a Slow Food Presidium to protect it against competition from clam farming and harvesting, and pollution, which are causing concern that this tradition may disappear. The crabs are caught with special nets placed at the bottom of the lagoon. Once collected, the sorting phase starts and has to be very accurate in order to recognize the "boni" or good crabs that are ready to moult, the "spiantani" that will change over the next few days, and the "matti" that will not change again during the harvesting season. The latter are obviously thrown back into the sea while the "spiantani" and the "boni" are kept aside. Usually this selection is done on the boat.*

Once selected the crabs are separated by type into special containers called "vieri", which are wooden boxes that allow water to circulate once immersed in the canal. The last step is perhaps the most difficult because several times a day the "vieri" are opened and inspected to eliminate the dead specimens and the shells shed by the moeche *and, of course, to remove the latter which are easy prey for the crabs that have yet to shed their shells. The "vieri" containing the good crabs are emptied of those that*

controllati per eliminare gli esemplari morti e i carapaci che vengono abbandonati dalle moeche e ovviamente estrarre queste ultime che sono facile preda dei granchi che devono ancora effettuare la muta. Vanno aperti anche i "vieri" contenenti i granchi "boni" per togliere quelli che sono già diventati "spiantani", e quindi pronti a diventare moeche in qualche giorno. Il carapace delle moeche inizia a riformarsi in meno di una giornata: è per questo che si impone la necessità di continue selezioni. Una volta tolte dall'acqua le moeche vengono mantenute vive e "morbide" in contenitori con ghiaccio, per poi essere portate al mercato. Le moeche vanno cotte vive per mantenere le proprie caratteristiche, è quindi molto importante che vengano conservate correttamente e consumate velocemente.

Un' altra particolarità gastronomica sono le "masanete", ovvero le femmine dello stesso granchio che diventa moeca. Non cambiano il carapace ma verso la fine dell'estate hanno le ovaie mature e gonfie diventando "masanete col coral", anche queste molto apprezzate dalla cucina veneziana.

have already shed their shells and are ready to become moeche *in a few days. The crab's shell begins to reform in less than a day, which is why selection has to be continuous. Once removed from the water, the* moeche *are kept alive and soft in containers packed with ice, before being taken to the market. The* moeca *must be cooked alive in order to maintain its characteristics, so it is very important that they are stored properly and consumed quickly.*

Another gastronomic speciality is the "masaneta", the females of the crab species that becomes a moeca. *They do not change shell but towards the end of summer, the mature, swollen ovaries become "masanete col coral", also very popular in Venetian cuisine.*

Fegato alla veneziana
Venetian-style liver

Ingredienti per 4 persone
- 500 g di fegato di vitello
- 2 cipolle bianche
- burro
- olio extravergine d'oliva
- aceto di vino
- sale
- pepe

Serves 4
- 500g (1 lb) of calf's liver
- 2 white onions
- butter
- extra virgin olive oil
- vinegar
- salt
- pepper

Affettare finemente le cipolle e farle appassire a fuoco lento in una padella con olio e burro, mescolando ogni tanto per non farle attaccare al fondo.

Nel frattempo togliere la pelle dalla superficie del fegato e affettarlo in listarelle sottili. Quando le cipolle saranno cotte, dopo 15 minuti circa, aggiungere l'aceto di vino e il fegato e cuocere il tutto per non più di 5 minuti a fiamma alta.

Aggiustare di sale e pepe e servire ancora caldo.

Suggerimento
Per rendere più leggera questa ricetta usare solo l'olio per cuocere il tutto. Il fegato alla veneziana va servito sempre ben caldo e non va mai riscaldato altrimenti la carne diventa dura.

Slice the onions finely and sweat on a low heat in a skillet with oil and butter, stirring occasionally to prevent them sticking to the pan.

Meanwhile, remove the skin from the surface of the liver and slice the meat into thin strips. When the onions are cooked, which takes about 15 minutes, add the vinegar and the liver, and cook for no more than 5 minutes at a high heat.

Season with salt and pepper, and serve hot.

Tip
To make this recipe lighter use only olive oil to cook everything. Moreover, Venetian-style liver should always be served piping hot and never reheated as the meat will become tough.

Anguilla fritta con fagiolini verdi e creme di aglio e di acciuga

Fried eel with green beans and cream of garlic and anchovy

■ ■ ☐

Ingredienti per 4 persone
- 12 tranci di anguilla da 50 g l'uno
- 120 g di acciughe sott'olio
- 320 g di fagiolini verdi lessati
- 2 scalogni tritati finemente
- 4 teste d'aglio
- farina bianca tipo 00
- 400 g di latte
- olio di semi per friggere
- olio extravergine d'oliva
- aceto
- sale
- pepe

Serves 4
- 12 slices of eel weighing 50g (2 oz) each
- 120g (4 oz) anchovies in oil
- 320g (12 oz) of boiled string beans
- 2 finely chopped shallots
- 4 heads of garlic
- all-purpose white flour
- 400g (1⅔ cups) of milk
- vegetable oil for frying
- extra virgin olive oil
- vinegar
- salt
- pepper

Far bollire gli spicchi d'aglio privati dell'anima nel latte e quando risulteranno morbidi frullare il tutto formando una crema.

Frullare anche le acciughe con l'olio fino a ottenere una salsa omogenea.

Lavare accuratamente i tranci di anguilla con acqua fredda e asciugarli grossolanamente con della carta.

Versare in una casseruola abbondante olio di semi. Passare i tranci di anguilla nella farina e quando l'olio sarà ben caldo immergerli con cautela.

Mentre i tranci friggono unire i fagiolini lessati al dente allo scalogno tritato finemente e condire con sale, pepe, olio extravergine d'oliva e aceto a piacere.

Quando i tranci di anguilla sono ben dorati toglierli dall'olio e asciugarli con della carta assorbente.

Impiattare i fagiolini e i tranci di anguilla, aggiungendo un po' di sale.

A parte servire la crema di aglio e la crema di acciughe.

Remove sprouts from the centre of the garlic cloves. Boil the garlic in milk and when soft, blend to a cream.

Blend in the anchovies with the oil to obtain a smooth sauce.

Wash the eel slices carefully with cold water and wipe dry with kitchen roll.

Pour plenty of vegetable oil into a saucepan. Dredge the eel slices in flour and when the oil is hot, dip them in carefully.

While frying the slices, add the beans boiled al dente to the finely chopped shallot and season with salt, pepper, olive oil, and vinegar to taste.

When the eel slices are golden, remove from the oil and pat dry with kitchen roll.

Serve the beans and eel slices, adding a pinch of salt.

Serve the cream of garlic and anchovies on the side.

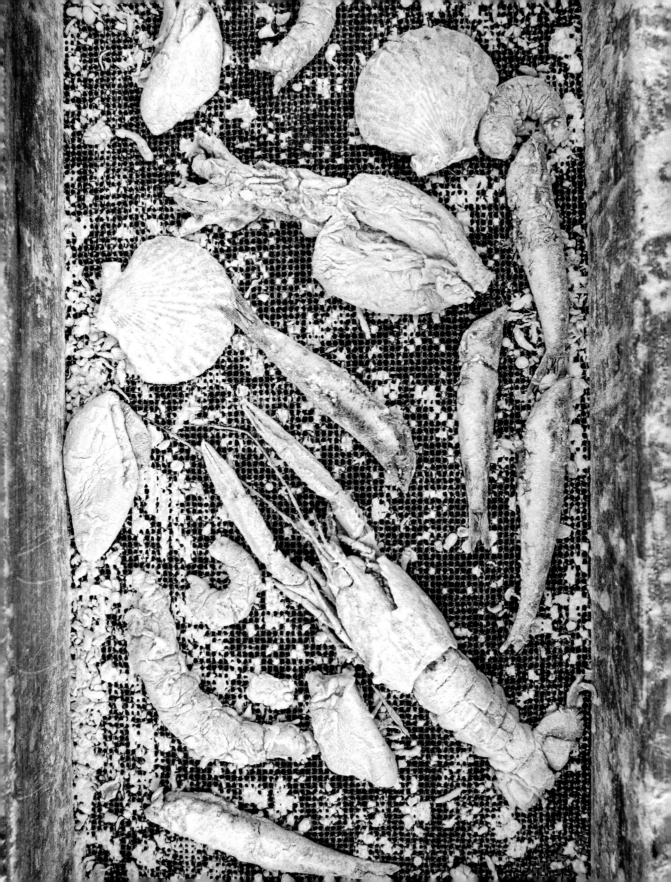

Sogliola alla mugnaia

Sole alla mugnaia

■ ⊡ ⊡

Ingredienti per 4 persone
- 4 sogliole
- 2 uova intere
- farina bianca tipo 00
- burro
- succo di mezzo limone
- salsa Worcester
- sale
- pepe

Serves 4
- 4 sole
- 2 whole eggs
- all-purpose white flour
- butter
- juice of half a lemon
- Worcester sauce
- salt
- pepper

Lavare le sogliole e togliere la pelle dopo aver fatto una piccola incisione sulla testa o sulla coda.

Sbattere in un recipiente le uova con un pizzico di sale. Passare le sogliole nella farina e successivamente nell'uovo. In una padella far brunire del burro e metterci le sogliole. Girarle per ottenere una doratura omogenea su entrambi i lati. A cottura ultimata sgocciolarle, sistemarle su un piatto da portata e tenerle al caldo.

Nella stessa pentola in cui si sono cotte le sogliole sciogliere dell'altro burro e aggiungere il succo di limone, la salsa Worcester e il pepe macinato al momento. Lasciando cuocere qualche minuto la salsa si addenserà. Versare la salsa sulle sogliole e servire.

Suggerimento
Per addensare i sughi riempire mezza tazzina di caffè con olio d'oliva, quindi aggiungere un paio di cucchiai di farina. Amalgamare mescolando fino a ottenere un liquido senza grumi, quindi versarlo nella salsa qualche minuto prima di fine cottura. Mentre si versa fare attenzione a mescolare bene per evitare grumi. Aggiungere un po' per volta fino alla densità desiderata.

Wash the sole and remove the skin after making a small incision on the head or tail.

Beat two eggs in a bowl with a pinch of salt. Dredge the sole in the flour, then dip in the egg. In a frying pan, brown the butter and add the sole. Turn the fish so it browns on both sides. When cooked, drain the sole, arrange in a serving dish and keep warm.

Using the same pan in which the sole was cooked, dissolve the rest of the butter, add the lemon juice, Worcestershire sauce and freshly ground pepper. Cook for a few minutes until the sauces thickens. Pour the sauce over the sole and serve.

Tip
To thicken the sauces, fill half a coffee cup with the extra virgin olive oil and add a couple of tablespoons of flour. Mix in the two ingredients stirring to obtain a smooth liquid and pour into the sauce to thicken a few minutes before cooking is complete. While pouring, make sure to mix well so lumps do not form. Drizzle slowly until the desired density is obtained.

Branzino all'acqua pazza
Sea bass in tomatoes and white wine

■ ☐ ☐

Ingredienti per 4 persone
- 1 branzino da 800-900 g
- 7-8 pomodorini Pachino interi
- 15-20 pomodorini Pachino tagliati a cubetti
- 1 bicchiere di vino bianco secco
- 2 bicchieri d'acqua
- uno spicchio d'aglio
- un rametto di rosmarino
- un rametto di timo
- prezzemolo tritato
- olio extravergine d'oliva
- sale
- pepe

Serves 4
- 1 sea bass of 800-900g (2 lbs)
- 7-8 whole Pachino tomatoes
- 15-20 diced Pachino tomatoes
- 1 glass of dry white wine
- 2 glasses of water
- 1 clove of garlic
- 1 sprig of rosemary
- 1 sprig of thyme
- chopped parsley
- extra virgin olive oil
- salt
- pepper

Pulire il branzino con abbondante acqua fredda e inserire all'interno il rametto di rosmarino e quello di timo.

In un tegame capiente versare un filo d'olio e lo spicchio d'aglio e lasciare soffriggere per un minuto, quindi procedere adagiando il branzino nel tegame. Quando l'olio sta soffriggendo bene versare il vino bianco.

Lasciare sfumare qualche minuto e quindi versare i pomodorini Pachino, sia quelli interi sia quelli a cubetti.

Aggiungere i 2 bicchieri d'acqua, coprire la pentola e lasciare cuocere per 15 minuti circa.

Guarnire con una bella manciata di prezzemolo tritato e servire.

Suggerimento
Per variare un po' il sapore del pesce si può sostituire il rametto di timo con del finocchietto.

Clean the sea bass with plenty of cold water and stuff with sprigs of rosemary and thyme.

Pour a little oil into a large pan, add the garlic and brown for a minute. Then lay the sea bass in the pan and when the oil is sizzling, add the white wine.

Deglaze for a few minutes and then add both the chopped and whole Pachino tomatoes.

Add the 2 glasses of water, cover the pan and simmer for 15 minutes.

Garnish with plenty of chopped parsley and serve.

Tip
To vary the flavour of the fish the thyme can be replaced with wild fennel.

Faraona con salsa peverada

Guinea fowl in peverada sauce

■ ■ ■

Ingredienti per 4 persone
- 1 faraona da 1 kg abbondante
- 50 g di pancetta tagliata a fettine
- 50 g di burro
- 1 spicchio d'aglio
- alcune foglie di salvia
- un rametto di rosmarino
- 1 bicchiere di vino bianco secco
- ½ bicchiere d'olio d'oliva
- sale
- pepe

Per la salsa peverada:
- 150 g di fegatini di faraona
- 2 fette di sopressa veneta
  (100 g circa)
- 2 spicchi d'aglio
- un ciuffo di prezzemolo
- un limone
- 1 bicchiere d'olio extravergine
  d'oliva
- 2 cucchiai di aceto
- pepe macinato al momento
- sale

Pulire la faraona senza tagliarla a pezzi, avendo cura di tenere da parte i fegatini. Eliminare testa, zampe e punte delle ali. Salarla un po', guarnirla dentro e fuori con le fettine di pancetta e legarla con lo spago da cucina.

Dopo aver fatto scaldare l'olio e sciolto il burro in una pirofila, unire uno spicchio d'aglio schiacciato e il rametto di rosmarino. Far rosolare la faraona da tutti i lati. Quando avrà preso colore, versare il vino e lasciare evaporare. Mettere nel forno già caldo (200 °C) per 30-40 minuti, bagnando di tanto in tanto con il sugo di cottura.

Preparazione della salsa peverada
Fare un battuto finissimo con i fegatini della faraona, la sopressa, uno spicchio d'aglio, il prezzemolo e la scorza grattugiata del limone. Si possono aggiungere anche dei fegatini di pollo se non dovessero bastare quelli della faraona.

Spremere il succo di limone e tenerlo da parte.

>>>

Clean the guinea fowl without cutting it into pieces, taking care to keep aside the livers. Throw away the head, feet and tip of wings. Season with a small amount of salt, line inside and out with the slices of pancetta, and tie with kitchen twine.

Heat the oil and melt the butter in an ovenproof dish, then add a clove of crushed garlic and the sprig of rosemary. Sauté the guinea fowl all over. When it has browned, pour in the wine and leave to evaporate. Preheat the oven to 200 °C (390 °F) for 30-40 minutes, basting occasionally with the cooking juices.

How to make peverada sauce
Chop very finely and cook the guinea fowl livers, sopressa, a clove of garlic, parsley, and the grated lemon peel. If the guinea fowl livers are insufficient, chicken livers may also be added.

Squeeze the lemon juice and keep aside.

>>>

163

Serves 4
- *1 guinea fowl of 1kg (2-2.5 lbs) in weight*
- *50g (2 oz) of sliced pancetta*
- *50g (3 tbsps) of butter*
- *1 clove of garlic*
- *several sage leaves*
- *1 sprig of rosemary*
- *1 glass of dry white wine*
- *½ a glass of olive oil*
- *salt*
- *pepper*

For the peverada sauce:
- *150g (6 oz) of guinea fowl livers*
- *2 (about 100g or 4 oz) slices of Veneto sopressa*
- *2 cloves of garlic*
- *a spring of parsley*
- *1 lemon*
- *1 glass of extra virgin olive oil*
- *2 tbsps of vinegar*
- *freshly ground pepper*
- *salt*

<<<

In una casseruola scaldare un bicchiere d'olio, unirvi uno spicchio d'aglio ed eliminarlo quando comincia a dorare.

Unire quindi il trito finissimo precedentemente preparato, salare, aggiungere abbondante pepe macinato fresco e far soffriggere a fuoco basso.

Dopo una decina di minuti versare il succo di limone e l'aceto. Lasciar evaporare ancora qualche minuto e spegnere.

Togliere la faraona dal forno, tagliarla a pezzi e disporla sul piatto da portata.

Irrorarla con la salsa peverada calda e servirla accompagnata con polenta.

<<<

Heat a glass of oil in a saucepan, add a clove of garlic and when golden, remove and throw away.

Add the previously prepared finely chopped ingredients, add salt and plenty of freshly ground pepper, then fry on a low heat.

After ten minutes, add the lemon juice and vinegar. Leave to evaporate for a few more minutes and turn off the heat.

Remove the guinea fowl from the oven, cut into pieces and arrange on a serving dish.

Drizzle with the hot peverada sauce and serve with polenta on the side.

76

To Romano a patron of the
arts — they are rare in these
days — from his friend
Ernest Hemingway
Burano 11 Nov '48

UN CELEBRE GHIOTTONE
FECE SCALO A BURANO
PER CORRER DA ROMANO
E FARVI COLAZIONE -
CHE FOLPI !.. CHE EMOZIONE !..
MA TROPPI NE MANGIÒ,
FECE UN'INDIGESTIONE
E AL CIELO SE NE ANDÒ.

MA PRIMA DI MORIRE
LEVÒ DOLCE LA MANO
A BENEDIR ROMANO,
E LO SENTIRON DIRE:
-"BELLO, IMMORTAL, BENEFICO
"OSTE! SPIRA GIOIOSO
"CHI PUÒ MORIR D'UN SIMILE
"OMICIDIO FOLPOSO!" -

Enrico Lupinacci
Novembre 1948

Chiara Lupinacci   18. settembre 1952

Orata in crosta di sale

Sea bream in a salt crust

■ ◻ ◻

Ingredienti per 4 persone
- un'orata intera da 1,5 kg
- 1,5 kg di sale grosso
- 500 g di sale fino
- 5 albumi d'uovo

Serves 4
- *a whole sea bream*
weighing 1.5kg (3 lbs)
- *1.5kg (3 lbs) of coarse salt*
- *500g (1 lb) table salt*
- *5 egg whites*

Pulire accuratamente l'orata con acqua fredda, eviscerarla e togliere le branchie. Il pesce non va squamato perché le squame servono da protezione alla carne durante la cottura.

In una terrina mescolare accuratamente sale grosso e fino con gli albumi.

Prendere una teglia abbastanza grande per poter contenere il pesce intero. Fare una base con il composto di sale e albumi, adagiarvi il pesce, quindi ricoprire il tutto con lo stesso composto seguendo la forma del pesce. Lo strato superiore deve essere di circa 1 cm.

Infornare a forno caldo a 180 °C per 30-40 minuti, fino a quando la crosta di sale non assume un colore dorato.

Togliere dal forno, rompere la crosta di sale e servire l'orata.

Suggerimento
Per rendere più saporito il pesce si possono inserire delle erbe aromatiche all'interno prima della cottura e mescolare le stesse erbe tritate con il sale grosso.

Clean the sea bream thoroughly, gut and remove the gills. The fish should not be scaled as the scales protect the flesh during cooking.

In a bowl mix the coarse and table salts carefully with the egg whites.

Use an oven tray large enough to accommodate the whole fish and cover the bottom with the salt and yolk mixture, rest the fish on it then cover with more mixture in the shape of the fish.

The upper layer must be about 1 cm (¼ inch) high. Bake in a hot oven at 180 °C (355 °F) for 30-40 minutes, until the salt crust turns a golden colour.

Remove from the oven, break the salt crust and serve the fish.

Tip
To make the fish tastier, place herbs inside it before cooking, and mix the same chopped herbs with the coarse salt.

Sarde in saor
Pilchards in sweet and sour 'saor'

■ ■ ☐

Ingredienti per 4 persone
- *20 sardine fresche diliscate*
- *400 g di cipolle bianche*
- *aceto*
- *vino bianco*
- *4 foglie di alloro*
- *40 g di uvetta*
- *olio extravergine d'oliva*

Serves 4
- *20 fresh boned pilchards*
- *400g (1 lb) of white onions*
- *vinegar*
- *white wine*
- *4 bay leaves*
- *40g (1½ oz) raisins*
- *extra virgin olive oil*

Affettare finemente le cipolle e versarle in una pentola con un filo d'olio. Lasciarle stufare a fuoco lento per qualche minuto.

Proseguire versando mezzo bicchiere di aceto e mezzo bicchiere di vino bianco. Aggiungere anche le foglie di alloro. Cuocere fino a completo assorbimento dei liquidi.

Posizionare le sarde diliscate su una teglia da forno e far cuocere per 2 minuti a 190 °C.

In una pirofila adagiare le sarde e ricoprirle bene con le cipolle e l'uvetta.

Lasciare riposare qualche ora prima di servire.

Slice the onions finely and place in a pot with a little oil. Sweat over a low heat for a few minutes.

Continue by pouring in half a glass of vinegar and half a glass of white wine. Add the bay leaves. Cook until the liquid is absorbed.

Place the boned pilchards on a baking sheet and cook for 2 minutes at 190 °C (375 °F).

Now place in a dish and cover completely with the onions and raisins.

Leave for a few hours and then serve.

Carpaccio di branzino
Sea bass carpaccio

■ ☐ ☐

Ingredienti per 4 persone
- *1 branzino da 1 kg o due filetti già puliti (600 g)*
- *olio extravergine d'oliva*
- *sale*
- *pepe*

Serves 4
- *1 sea bass weighing 1kg (2 lbs) or two filets for a total of 600g (20 oz)*
- *extra virgin olive oil*
- *salt*
- *pepper*

Pulire accuratamente il branzino, estraendo solo i filetti.

Affettare sottilmente in carpaccio, sistemare su un piatto e guarnire con un filo d'olio extravergine d'oliva, sale e una spolverata di pepe macinato al momento.

Suggerimento
Se si desidera un sapore più deciso, il carpaccio di branzino si può servire accompagnato da una salsa composta dal succo di 2 limoni, 5 cucchiai d'olio extravergine d'oliva, sale e pepe.

Dopo aver montato accuratamente tutti gli ingredienti basta spalmare su ogni fetta di branzino un cucchiaio di salsa e quindi adagiarla direttamente sul piatto.

Clean the sea bass thoroughly, removing only the filaments.

Slice thinly in carpaccio style, arrange on a plate and drizzle with extra virgin olive oil, salt and a sprinkling of freshly ground pepper.

Tip
For a sea bass carpaccio with a stronger flavour, serve with a sauce made from the juice of 2 lemons, 5 tablespoons of extra virgin olive oil, salt, and pepper.

After preparing all the ingredients carefully, just spread a spoonful of the sauce on each slice of sea bass, then place directly on the plate.

Seppie aromatizzate al finocchio
Cuttlefish with fennel cream

Ingredienti per 4 persone
- *4 seppie di laguna*
- *4 finocchi*
- *un goccio di Pernod*
- *olio extravergine d'oliva*
- *sale*
- *pepe*

Serves 4
- *4 lagoon cuttlefish*
- *4 heads of fennel*
- *a drop of Pernod*
- *extra virgin olive oil*
- *salt*
- *pepper*

Pulire accuratamente le seppie con acqua fredda e poi inciderne la polpa con piccoli tagli per renderla tenera.

A parte mondare accuratamente il finocchio, prelevare la parte esterna e tritarla grossolanamente.

In una pentola versare un filo d'olio extravergine d'oliva e quando è abbastanza caldo versare il finocchio tritato. Quando è ben rosolato aggiungere il Pernod e mezzo bicchiere d'acqua. A cottura ultimata versare il tutto in un mixer e creare una crema.

Tagliare il cuore rimasto del finocchio molto sottile e condirlo con sale e pepe.

In una pentola arrostire la seppia con un filo d'olio per pochi minuti, girandola.

Per servire versare sul piatto un cucchiaio di crema di finocchio, adagiarvi la seppia e a lato il cuore di finocchio affettato.

Clean the cuttlefish carefully in cold water then make small cuts in the flesh to tenderize it.

Clean the fennel thoroughly and remove the outer shell, then chop coarsely.

Drizzle extra virgin olive oil into a pan and when it is hot enough, toss in the chopped fennel. When well browned, add the Pernod and half a glass of water. When cooked, pour into a blender and puree.

Slice the remaining fennel heart very thinly and season with salt and pepper.

Roast the cuttlefish, turning in a pan with a drizzle of olive oil.

To serve, pour a tablespoon of fennel cream onto a plate, lay the cuttlefish on it and add the sliced fennel heart on the side.

Sgombro, salicornia e pomodoro candito
Mackerel, salicornia and tomato confit

■ ■ ☐

Ingredienti per 4 persone
- 4 filetti di sgombro
- 200 g di salicornia sbollentata
- 4 pomodori San Marzano
- zucchero a velo
- 4 spicchi d'aglio
- olio extravergine d'oliva
- sale
- pepe

Serves 4
- 4 mackerel filets
- 200g (8 oz) of blanched salicornia
- 4 San Marzano tomatoes
- superfine sugar
- 4 cloves of garlic
- extra virgin olive oil
- salt
- pepper

In una pentola portare a ebollizione abbondante acqua, versare i pomodori e lasciarli sbollentare per un minuto.

Togliere i pomodori dall'acqua ed eliminare la pelle, tagliarli a metà e privarli dei semi.

Posizionarli su una teglia e condirli con olio extravergine d'oliva, aglio, sale e zucchero a velo, quindi infornarli per 2 ore a 90 °C.

In una pentola cuocere lo sgombro in olio extravergine d'oliva a 70 °C per circa 8 minuti con una foglia di alloro.

Servire il filetto di sgombro con 2 mezze parti di pomodoro candito e una spolverata di salicornia croccante.

Bring the water to the boil in a saucepan, add the tomatoes and scald for a minute.

Remove the tomatoes from the water and peel off the skin, cut in half and remove seeds.

Place on a baking sheet and dress with extra virgin olive oil, garlic, salt, and the superfine sugar, then bake for 2 hours at 90 °C (195 °F).

Cook the mackerel in a saucepan with extra virgin olive oil and a bay leaf at 70 °C (160 °F) for about 8 minutes.

Serve the mackerel filet with 2 halves of tomato confit and a sprinkling of crunchy salicornia.

Granchio al forno
Baked crab

■ ▢ ▢

Ingredienti per 4 persone
- *4 granchi di medie dimensioni*
(2 se grandi)
- *un rametto di rosmarino*
- *pangrattato*
- *sale*
- *pepe*

Serves 4
- *4 medium or 2 large crabs*
- *1 sprig of rosemary*
- *breadcrumbs*
- *salt*
- *pepper*

Dopo aver lavato accuratamente i granchi con acqua fredda si procede a spezzettarli e togliere le interiora.

Adagiare i pezzi in una pirofila aggiungendo sale, pepe, pangrattato e il rametto di rosmarino, quindi infornare a 180 °C per 20 minuti.

Servire i granchi ancora caldi.

Suggerimento
Una differente metodologia è far lessare i granchi in una pentola piena d'acqua per circa 10 minuti. Estrarre la polpa dal guscio, lavare i gusci e poi distribuirvi di nuovo la polpa (scartando le interiora).

Preparare una salsa abbastanza liquida con prezzemolo e aglio tritato, pepe, sale e olio extravergine d'oliva; aggiungere un paio di cucchiai di pangrattato, mescolare bene finché il preparato non risulti omogeneo. Versare poi la salsa sul granchio.

Infornare a 200 °C finché la superficie risulterà dorata (circa 3-4 minuti).

After washing the crabs thoroughly with cold water, break into pieces and remove the entrails.

Place the pieces in an ovenproof dish and add salt, pepper, breadcrumbs, and a sprig of rosemary then bake at 180 °C (355 °F) for 20 minutes.

Serve the crabs hot.

Tip
A different method is to boil the crabs in a pan of water for about 10 minutes. Remove the flesh from the shell, wash the shells and then replace the pulp (discarding the offal).

Prepare a liquid sauce with parsley and chopped garlic, pepper, salt and olive oil; add two tablespoons of breadcrumbs and stir well until the mixture is smooth. Pour the sauce over the crab.

Bake at 200 °C (390 °F) until the surface is golden brown (3-4 minutes).

Grigliata mista

Mixed seafood grill

■ ▢ ▢

Ingredienti per 4 persone
- *4 sogliole*
- *4 scampi*
- *8 gamberi*
- *4 code di rospo*
- *olio extravergine d'oliva*
- *sale*
- *pepe*

Serves 4
- *4 sole*
- *4 scampi*
- *8 prawns*
- *4 monkfish tails*
- *extra virgin olive oil*
- *salt*
- *pepper*

Pulire accuratamente tutto il pesce con acqua fredda e asciugarlo grossolanamente con della carta assorbente.

Quando la griglia è ben calda versare un filo d'olio sul pesce e adagiarlo sulla piastra. Lasciare cuocere 7-8 minuti circa per lato, controllando la cottura a seconda della grandezza e della tipologia del pesce.

A cottura ultimata salare il pesce e posizionarlo sui piatti di portata. Versare un filo d'olio, pepe a piacere e servire caldo.

Clean all the fish carefully with cold water and pat dry with kitchen roll.

When the grill is hot, drizzle the fish with oil and place on the grill. Cook for 7-8 minutes per side, checking it is cooked since the amount of time required depends on the size and type of fish.

When ready, add salt to the fish and arrange on individual plates. Drizzle with oil, add pepper to taste and serve hot.

Rombo chiodato con verdure

Turbot with vegetables

■ ■ ❑

Ingredienti per 4 persone
- *1 rombo intero da 2 kg circa*
- *3 patate*
- *1 zucchina*
- *3 pomodori*
- *1,5 mestoli di acqua calda
o brodo vegetale (o di pesce)*
- *1 spicchio d'aglio*
- *1 bicchiere di vino bianco secco*
- *olio extravergine d'oliva*
- *sale*
- *pepe*

Serves 4
- *1 whole turbot of 2kg (4-5 lbs)*
- *3 potatoes*
- *1 zucchini*
- *3 tomatoes*
- *1½ ladles of hot water or
vegetable (or fish) stock*
- *1 clove of garlic*
- *1 glass of dry white wine*
- *extra virgin olive oil*
- *salt*
- *pepper*

Pulire il rombo sotto l'acqua fredda.
Non è necessario eviscerarlo e
squamarlo.

Versare un filo d'olio in una teglia con
uno spicchio d'aglio. Quando l'olio è
ben caldo adagiare il pesce e lasciarlo
rosolare sul fuoco qualche minuto
per lato. Bagnare con il vino bianco
e lasciare sfumare.

Aggiungere nella teglia le patate
precedentemente sbollentate tagliate
a spicchi, le zucchine tagliate a rondelle
e i pomodori crudi tagliati a cubetti.
Versare l'acqua o il brodo a piacere,
quindi aggiustare di sale e pepe.

Infornare in forno caldo a 180 °C
per 30 minuti circa.

Quando il rombo è cotto metterlo
in un piatto di portata insieme
alle verdure e servire caldo.

*Wash the turbot under cold running
water; there is no need to gut or scale it.*

*Drizzle oil into a baking pan with a clove
of garlic. When the oil is hot, place the
fish in the pan and fry on the stove for
a few minutes per side. Deglaze with
the white wine.*

*Add previously blanched potatoes wedges,
sliced rounds of zucchini, and raw cubed
tomatoes into the baking pan. Add water
or stock to taste, then season with salt
and pepper.*

*Bake in a hot oven at 180 °C (355 °F)
for about half an hour.*

*When the roar is cooked put it in a
dish with the vegetables and serve hot.*

Anguilla stufata al pomodoro

Stewed eel in tomato sauce

■ ■ ▢

Ingredienti per 4 persone
- 2 kg di anguilla
- 100 g di farina bianca tipo 00
- 1 bicchiere di vino bianco secco
- 1 barattolo di pelati a pezzettini
- olio extravergine d'oliva
- sale
- pepe

Serves 4
- 2kg (4-5 lbs) of eel
- 100g (3½ oz) of all-purpose white flour
- 1 glass of dry white wine
- 1 tin of chopped tomatoes
- extra virgin olive oil
- salt
- pepper

Pulire accuratamente l'anguilla con acqua fredda e togliere la testa. Procedere tagliandola a pezzi di circa 10 cm. Asciugarla grossolanamente, quindi infarinarla.

Versare un filo d'olio in una pentola. Quando è ben caldo versare l'anguilla e farla rosolare per qualche minuto girandola un paio di volte.

Aggiungere sale, pepe e il vino bianco. Quando il vino è sfumato aggiungere un barattolo di pelati a pezzettini. Cuocere per 20 minuti circa. Il tempo di cottura varia col diametro dell'anguilla, quindi verificarne la cottura con una forchetta.

A cottura ultimata aggiustare di sale e pepe, quindi servire ben caldo.

Clean the eel carefully with cold water and remove the head. Cut up the rest into pieces of about 10 cm (4 ins). Pat dry then dredge in flour.

Pour a little olive oil into a pan. When it is hot add the eel and fry for a few minutes turning it several times.

Add salt and pepper and white wine. When the wine evaporates, add a can of chopped tomatoes. Cook for about 20 minutes. The cooking time varies according to the diameter of the eel, so check if it is cooked with a fork.

When ready add salt and pepper, and serve piping hot.

Seppie in nero con polenta
Cuttlefish in ink with polenta

■ ▢ ▢

Ingredienti per 4 persone
- 4 seppie non troppo piccole
- 1 spicchio d'aglio
- 1 bicchiere di vino bianco secco
- olio extravergine d'oliva
- sale
- pepe nero

Serves 4
- 4 medium-size cuttlefish
- 1 clove of garlic
- 1 glass of dry white wine
- extra virgin olive oil
- salt
- black pepper

Lavare le seppie, togliere la pelle e l'osso centrale. Pulirle accuratamente in acqua finché saranno diventate bianche. Fare attenzione a non rompere le vescichette contenenti il liquido nero, che vanno recuperate e messe da parte.

Scaldare una padella con un po' d'olio e quando è ben caldo aggiungere le seppie. Una volta rosolate, dopo circa 5 minuti, aggiungere il vino e lasciare evaporare a fiamma dolce per 15 minuti. Aggiustare di sale e pepe.

Verso fine cottura aggiungere le vescichette contenenti il liquido nero con mezzo bicchiere d'acqua.

A cottura ultimata servire con una fetta di polenta bianca.

Suggerimento
Se non è gradita la forma della seppia intera, dopo averle lavate, asportare la bocca, gli occhi e i tentacoli e tagliarle in listarelle sottili.

Wash the cuttlefish, remove the skin and central bone. Clean thoroughly in water until they become white. Be careful not to break the sacs that contain the black liquid, which must be recovered and put aside.

Heat a pan with a little oil and when hot add the cuttlefish. Fry and after about 5 minutes add the wine. Leave to evaporate on a gentle heat for 15 minutes. Add salt and pepper to taste.

When the cuttlefish is almost cooked, add the sacs of black ink with half a glass of water.

When cooked, serve with a slice of white polenta.

Tip
If the shape of the whole cuttlefish is unappealing, remove the mouth, eyes and tentacles after washing, and cut the flesh into thin strips.

Pesce San Pietro in padella
Pan-fried dory

■ ☐ ☐

Ingredienti per 4 persone
- 4 filetti di pesce San Pietro
- 1 bicchiere di vino bianco secco
- timo
- aglio
- burro
- olio extravergine d'oliva
- sale
- pepe

Serves 4
- 4 filets of dory
- 1 glass of dry white wine
- thyme
- garlic
- butter
- extra virgin olive oil
- salt
- pepper

In una pentola versare dell'olio e una noce di burro, aggiungere alcuni spicchi di aglio e quando l'olio è ben caldo adagiarvi delicatamente i filetti di pesce. Lasciarli dorare per qualche minuto e poi girarli delicatamente con una spatola.

Dopo averli lasciati dorare qualche minuto anche sull'altro lato, aggiungere il timo, il bicchiere di vino bianco secco e un pizzico di sale e pepe. Lasciare evaporare il liquido avendo cura di rigirare i filetti.

A cottura ultimata servire ancora caldo. I piatti possono essere guarniti con delle foglioline di timo.

Pour the olive oil into a pan and add a knob of butter with several garlic cloves. When the oil is hot, gently add the fish filets. Fry to golden for a few minutes then turn with care, using a spatula.

Now repeat for the other side, then add thyme, the glass of dry white wine and a pinch of salt and pepper. Let the liquid evaporate, making sure to turn the filets.

When cooked serve while still hot. The dish can be garnished with thyme leaves.

196 Code di rospo alla griglia
Secondi piatti
Second courses

Grilled monkfish

■ ⬚ ⬚

Ingredienti per 4 persone
- 4 code di rospo
- olio extravergine d'oliva
- sale
- pepe

Serves 4
- 4 monkfish tails
- extra virgin olive oil
- salt
- pepper

Lavare e squamare accuratamente
le code di rospo.

Scaldare la piastra. Versare del sale e
dell'olio sulla coda di rospo e adagiare
immediatamente sulla piastra. Poiché
la piastra deve essere molto calda fare
attenzione agli schizzi d'olio.

Lasciare cuocere 7-8 minuti per lato
se sono di grandezza media, di più se
aumenta la grandezza.

A cottura ultimata togliere dalla piastra
e servire in un piatto da portata con un
filo d'olio extravergine d'oliva, sale e
una spolverata di pepe.

Wash and scale the monkfish.

*Heat the griddle, pour oil and salt on
the monkfish and lay immediately on
the griddle plate. Care should be taken
not to splash oil since the griddle must
be very hot.*

*Cook 7-8 minutes per side if the fish is
of medium size and the bigger the fish,
the longer it will take to cook.*

*When cooked remove from the griddle
and serve on a serving dish, drizzled
with extra virgin olive oil and sprinkled
with salt and pepper.*

Branzino al forno
Baked sea bass

■ ▢ ▢

Ingredienti per 4 persone
- *1 branzino da 1 kg*
- *2 patate di media grandezza
tagliate a fettine sottili*
- *15 olive nere taggiasche*
- *pomodori freschi a cubetti*
- *1 bicchiere di vino bianco secco*
- *2 mestoli di acqua*
- *un rametto di rosmarino*
- *un rametto di timo*
- *prezzemolo tritato*
- *olio extravergine d'oliva*
- *sale*

Serves 4
- *1 sea bass of 800-900g (2 lbs)*
- *2 medium-sized potatoes, cut into
thin slices*
- *15 black Taggia olives*
- *fresh diced tomatoes*
- *1 glass of dry white wine*
- *2 ladles of water*
- *1 sprig of rosemary*
- *1 sprig of thyme*
- *chopped parsley*
- *extra virgin olive oil*
- *salt*

Lavare, eviscerare e squamare accuratamente il branzino, quindi inserire all'interno del pesce i rametti di rosmarino e di timo e salare in superficie.

In una pirofila versare un filo d'olio con lo spicchio d'aglio, lasciare soffriggere un minuto e poi adagiare delicatamente il branzino nella pirofila.

Aggiungere velocemente gli altri ingredienti: i pomodori tagliati a cubetti, il vino bianco, un pizzico di sale, il prezzemolo, le fettine di patate, le olive taggiasche e i due mestoli di acqua.

Infornare la teglia nel forno precedentemente riscaldato a 180 °C e lasciare cuocere per 20 minuti circa.

Wash, gut and scale the sea bass, then stuff with sprigs of rosemary and thyme; salt the surface.

Pour a little olive oil into the baking tray, add the garlic and brown for a minute, then carefully place the sea bass in the baking tray.

Quickly add the other ingredients diced tomatoes, white wine, a pinch of salt, parsley, sliced potatoes, Taggia olives, and two ladles of water.

Bake in a preheated oven at 180 °C (355 °F) for about 20 minutes.

Garusoli lessi

Boiled periwinkles

■ ⬚ ⬚

Ingredienti per 4 persone
- *2 kg di garusoli (lumache di mare)*
- *olio extravergine d'oliva*
- *sale grosso*
- *pepe da macinare*

Serves 4
- *2kg (4-5 lbs) periwinkles*
- *extra virgin olive oil*
- *coarse salt*
- *black peppercorns to grind*

In una ciotola molto capiente lavare i garusoli con abbondante acqua fredda.

A operazione terminata versarli in una pentola capiente e coprirli completamente con dell'acqua fredda, aggiungere una manciata di sale grosso e farli bollire per circa un'ora e mezza.

Terminata la cottura spegnere il fuoco e scolarli. Vanno sgusciati ancora caldi e serviti tiepidi con un filo d'olio e un po' di pepe a piacere.

Wash the periwinkles in a very large bowl.

When clean, tip into a large pot and cover completely with cold water; add a handful of salt and boil for about 90 minutes.

When cooked, turn off the heat and drain. Shell the periwinkles while still hot and serve warm, drizzled with olive oil and pepper to taste.

Sauté di cappelunghe

Sautéed razor clams

■ ■ ☐

Ingredienti per 4 persone
- *1 kg di cappelunghe (cannolicchi)*
- *1 bicchiere di vino bianco secco*
- *1 spicchio d'aglio*
- *spicchi di limone*
- *olio extravergine d'oliva*
- *pepe*

Serves 4
- *1kg (2 lbs) of razor clams*
- *1 glass of dry white wine*
- *1 clove of garlic*
- *lemon wedges*
- *extra virgin olive oil*
- *pepper*

Se le cappelunghe non sono già pulite bisogna procedere alla loro pulizia. Lavarle abbondantemente con acqua fredda non trascurando il guscio.

In una pentola fare soffriggere un filo d'olio con l'aglio. Quando è ben caldo aggiungere le cappelunghe e lasciarle rosolare per qualche minuto. Sfumare con il vino bianco a fiamma viva quindi coprire e abbassare la fiamma. Cuocere per qualche minuto.

Servire con degli spicchi di limone. Per insaporire bene i molluschi versarvi un cucchiaio del loro sugo di cottura.

If the mussels are not already clean, this must be done first, washing thoroughly with cold water, including the shell.

Brown the garlic in a pan with a drizzle of oil. When it is very hot, add the razor clams and cook for a few minutes. Deglaze with white wine on a strong heat, then cover and lower the heat. Cook for a few minutes.

Serve with lemon wedges. To add flavour to the shellfish, baste with a tablespoon of their cooking juices.

Contorni
Side dishes

Carciofi trifolati
Artichokes in parsley and garlic

Ingredienti per 4 persone
- *8 piccoli carciofi nostrani*
- *1 spicchio d'aglio*
- *prezzemolo tritato*
- *olio extravergine d'oliva*
- *sale*
- *pepe*

Serves 4
- *8 small local artichokes*
- *1 clove of garlic*
- *chopped parsley*
- *extra virgin olive oil*
- *salt*
- *pepper*

Pulire i carciofi togliendo le foglie esterne più dure e poi spuntarli tagliando con un coltello la punta, in modo da creare una superficie piatta e tagliare il gambo.

In una casseruola posizionare i carciofi a testa in giù molto vicini in modo tale che non cadano. Aggiungere un paio di cucchiai d'olio, lo spicchio d'aglio, il sale, il pepe e il prezzemolo. Coprire il tutto con acqua e cuocere per 20-25 minuti.

Appena pronti, spolverare con una manciata di prezzemolo tritato e servire.

Clean the artichokes by removing the outer leaves, then trim the tops with the tip of a knife so they are flat; remove the stalk.

Place the artichokes upside down and very close together in a pan so they do not tip over. Add two tablespoons of olive oil, the garlic, salt, pepper, and parsley. Cover with water and cook for 20-25 minutes.

Garnish with plenty of chopped parsley and serve.

Insalata di fagioli e cipolla
Bean and onion salad

■ ▢ ▢

Ingredienti per 4 persone
- *300 g di fagioli freschi*
- *1 spicchio d'aglio*
- *1 cipolla*
- *olio extravergine d'oliva*
- *aceto a piacere*
- *sale*
- *pepe*

Serves 4
- *300g (10 oz) fresh beans*
- *1 clove of garlic*
- *1 onion*
- *extra virgin olive oil*
- *vinegar to taste*
- *salt*
- *pepper*

Versare i fagioli e lo spicchio d'aglio in una pentola con abbondante acqua fredda.

Portare a ebollizione e lasciare cuocere fino a che non risulteranno teneri. I tempi possono variare dai 30 ai 60 minuti, a seconda della qualità di fagioli scelta.

Controllarli periodicamente durante la cottura. Per diminuire i tempi si può utilizzare la pentola a pressione.

A cottura ultimata farli raffreddare: a piacere possono essere serviti a temperatura ambiente o tiepidi. Aggiungere la cipolla tagliata a listarelle e condire con olio, sale e a piacere pepe e aceto.

Suggerimento
Se non si dispone di fagioli freschi si posso utilizzare quelli secchi, basta diminuire la quantità e metterli a bagno in abbondante acqua fredda il giorno precedente la cottura. Le fasi successive sono le stesse.

Pour the beans into a pan with plenty of cold water then add the clove of garlic.

Bring to the boil and cook until tender. The time can vary from 30 to 60 minutes, depending on the beans used.

Check regularly during cooking. Use a pressure cooker to cut down cooking time.

When cooked, leave to cool or, if preferred, serve at room temperature or lukewarm. Add sliced onion and season with oil, salt and pepper to taste, and vinegar.

Tip
If fresh beans are not available, use dried beans but decrease the amount and soak overnight in plenty of cold water the day before required. The rest of the recipe is the same.

213

Polenta bianca

White polenta

∎ ⬜ ⬜

Ingredienti
- *800 g di farina bianca di mais*
- *2 l di acqua*
- *1 cucchiaio di sale grosso*

Ingredients
- *800g (5 cups) of white cornmeal*
- *2 l (4 pints) of water*
- *1 Tbsp of coarse salt*

Mettere l'acqua a bollire in una pentola capiente insieme al sale grosso.

Quando l'acqua arriva a ebollizione versare la farina "a pioggia", mescolando con una frusta in modo che non si formino grumi.

Finito di versare la farina, quando la polenta inizia ad addensarsi, sostituire la frusta con un mestolo di legno lungo continuando a mescolare.

Lasciare cuocere per 35 minuti.

Boil water in a large saucepan with salt.

When the water boils, sprinkle in the cornmeal while whisking to remove lumps.

When all the flour has been poured and the polenta starts to thicken, replace the whisk with a long wooden spoon and continue to stir.

Cook for 35 minutes.

Radicchio di Chioggia brasato
Braised Chioggia radicchio

■ ☐ ☐

Ingredienti
- *800 g di radicchio di Chioggia*
- *brodo vegetale o vino rosso secco*
- *olio extravergine d'oliva*
- *sale*
- *pepe*

Ingredients
- *800g (2 lbs) of Chioggia radicchio*
- *vegetable stock or dry red wine*
- *extra virgin olive oil*
- *salt*
- *pepper*

Staccare il torsolo del radicchio e lavarlo accuratamente in acqua fredda. Procedere asciugandolo e tagliandolo in 4 parti.

In una padella abbastanza larga versare l'olio e un po' di brodo; scaldarlo bene, quindi adagiarvi i pezzi di radicchio.

Fare cuocere per 15 minuti circa a fiamma media. Se il liquido di cottura dovesse evaporare aggiungere del brodo in modo che il radicchio non si asciughi troppo. Salare, pepare e servire ancora caldo.

Suggerimento
Per rendere il piatto più invitante sostituire il brodo vegetale con del vino rosso secco.

Take the radicchio, remove the core and wash thoroughly in cold water. Dry off and cut into 4 parts.

Pour the oil and a little stock into quite a large skillet; heat well and arrange the radicchio pieces in it.

Cook for 15 minutes on a medium heat. If the cooking liquid evaporates, add stock so the radicchio does not dry too much. Add salt and serve piping hot.

Tip
To make the dish more inviting, replace the vegetable stock with dry red wine.

Verze sofegae
Stewed savoy cabbage

Ingredienti per 4 persone
- 1 verza
- 1 cipolla piccola
- 1 mestolo di brodo vegetale
- rosmarino
- aceto bianco
- olio extravergine d'oliva
- sale
- pepe

Serves 4
- 1 savoy cabbage
- 1 onion
- 1l (2 pints) vegetable stock
- rosemary
- white vinegar
- extra virgin olive oil
- salt
- pepper

Togliere le foglie più esterne e tagliare a listarelle la verza.

Versare dell'olio in una casseruola, tritare la cipolla e farla soffriggere.

Aggiungere la verza, sale, pepe e cuocere con il coperchio. Lasciare andare la cottura a fuoco lento, alzando di tanto in tanto il coperchio e mescolando bene. Le verze si cucinano lentamente nella propria acqua. Eventualmente, se non sono ancora cotte, aggiungere solo un po' di brodo vegetale.

A fine cottura, dopo circa 45 minuti, la verza sarà appassita (*sofegada* appunto). A questo punto profumare con un rametto di rosmarino e, a piacere, con qualche cucchiaio di aceto bianco.

Remove the outer leaves and cut the cabbage into strips.

Pour the oil into a saucepan, chop the onion and sauté.

Add the cabbage, salt, pepper, cover and cook. Simmer and while cooking, lift the lid and mix well. The cabbage will cook slowly in its own juices. If it is slow to cook, just add a little vegetable stock.

Cooking takes about 45 minutes and the cabbage should stew (so it is "sofegada"). At this point, season with a sprig of rosemary and, if preferred, a few tablespoons of white vinegar.

Zucca al forno
Baked pumpkin

■ ◻ ◻

Ingredienti
- 1 zucca
- pangrattato
- rosmarino
- olio extravergine d'oliva
- sale
- pepe

Ingredients
- 1 pumpkin
- breadcrumbs
- rosemary
- extra virgin olive oil
- salt
- pepper

Tagliare la zucca, togliere i semi e la parte filamentosa, sciacquarla e tagliarla a fettine non troppo spesse (circa 1 cm). Distribuire le fette in una teglia da forno.

Condire la zucca con sale, pepe, rosmarino e olio e lasciar marinare per una decina di minuti nella teglia. Nel frattempo accendere il forno a 180 °C.

Spolverizzare con pangrattato e infornare per 10 minuti o comunque fino a quando la superficie risulti dorata ma non bruciata. Versare un filo d'olio a crudo e servire subito.

Cut the pumpkin, remove the seeds and filaments, rinse it and slice to about 1 cm (¼ inch) in height.

Arrange the slices on a baking sheet, dress with salt, pepper, rosemary, and olive oil. Marinate for about 10 minutes on the baking sheet. Preheat the oven to 180 °C (355 °F).

Sprinkle with breadcrumbs and bake for 10 minutes or until the surface is golden brown but not burnt. Drizzle with cold olive oil and serve immediately.

Dolci
Desserts

Bussolà buraneo

Burano bussolà cookies

■ ■ ☐

Ingredienti
- 500 g di farina bianca 00
- 150 g di burro
- 300 g di zucchero
- 6 tuorli d'uovo
- vanillina
- aroma di rum o di limone

Ingredients
- 500g (4¼ cups) of all-purpose white flour
- 150g (⅔ cup) of butter
- 300g (1½ cups) of sugar
- 6 egg yolks
- vanillin
- rum or lemon flavouring

Mettere la farina a fontana sul piano, formare un incavo e nel mezzo mettere lo zucchero, il sale, gli aromi e i tuorli. Cominciare a impastare e aggiungere il burro. Amalgamare bene fino a ottenere un impasto omogeneo che non si deve sgretolare.

Procedere quindi a dare la forma che si desidera ai biscotti. Tradizionalmente sono di due tipi: a cerchio (bussolà) e a "S".

Infornare a 170 °C per 15-20 minuti circa (a seconda della forma data) fino a ottenere una bella doratura in superficie. Per dorare il bussolà bisogna creare un po' di vapore all'interno del forno per far "sudare" il preparato.

Il colore è dato dai tuorli delle uova, perciò i biscotti potranno essere più o meno gialli.

Make a well of flour and add sugar, salt, flavourings, and egg yolks. Begin kneading and add the butter. Knead until all the ingredients are well mixed and the dough is smooth, so it does not crumble.

Now shape the cookies as preferred. Traditionally are of two types: a circle (bussolà) and an "s".

Then bake at 170 °C (340 °F) for about 15-20 minutes (depending on the shape), until the surface is a good golden brown. To give the bussolà a golden sheen, create some steam inside the oven to "sweat" the dough.

The colour comes from the egg yolks, so the cookies will be different shades of yellow.

Il merletto di Burano

Burano lace

La leggenda della nascita del merletto di Burano narra di una giovane coppia in procinto di sposarsi. Il giovane, che faceva il pescatore, sulla rotta di casa incrociò il canto tentatore di un gruppo di sirene. Per amore della sua promessa sposa riuscì però a resistere. La regina delle sirene, colpita dalla sua fedeltà, decise di fargli un regalo: con la coda colpì il fianco della barca e la schiuma bianca creatasi dal movimento dell'acqua diede forma a un velo nuziale finemente ricamato. Il giorno delle nozze tutte le ragazze dell'isola ammirarono con molta invidia il velo della fanciulla: era così bello che tutte le donne iniziarono a ricamare imitandone il merletto per averne uno simile.

Leggende a parte, il merletto di Burano ha una lunga storia e ha avuto momenti di grande sviluppo e gloria grazie anche all'apprezzamento delle famiglie reali europee che lo sfoggiavano agli eventi più importanti. All'incoronazione di Riccardo III d'Inghilterra, il 22 giugno 1483, la regina Anna indossò un ricco mantello ornato di merletti di Burano. Divenne così famoso e richiesto che alcune merlettaie buranelle furono chiamate in Francia a insegnare le loro abilità in questa arte. Così le ricamatrici francesi diventarono le più grandi rivali

The legend of how Burano lace-making began tells the story of a young couple about to get married. The young man was a fisherman sailing home and when he crossed the path of sirens they lured him with their singing. For the sake of his betrothed he managed to resist. The queen of the sirens, touched by his loyalty, decided to make a gift for him and striking the hull of his boat with her tail she raised a white foam that turned into a finely embroidered bridal veil. On the day of the wedding all the island girls enviously admired the bride's veil: it was so beautiful that all the women began to embroider one, imitating the lace for themselves.

Legends aside, Burano lace has a long history and has had moments of great development and glory not least because it was much appreciated by European royal families who wore it at the most important events. At the coronation of Richard III of England, on 22 June 1483, Queen Anne wore a rich mantle trimmed with Burano lace. It became so popular and sought after that several Burano lace makers were called to France to teach their skills in this art. So French embroiderers became the biggest rivals for production of lace, although they never achieved the same

nella produzione di merletti, anche se non raggiunsero mai la stessa qualità. Con la caduta della Repubblica di Venezia, alla fine del Settecento, i commerci della Serenissima subiscono una grave crisi e così anche il merletto di Burano. Nel 1872 venne aperta la "Scuola del merletto", con l'intento di ridare impulso a questa attività per alleviare le tristi condizioni economiche dell'isola. Così, grazie agli insegnamenti dell'anziana merlettaia Vincenza Memo, detta Cencia Scarpaiola, si riscoprì la vecchia tradizione. La scuola, oltre a insegnare il lavoro, commercializzava i lavori garantendo così una paga alle ragazze. Tipica, nel lavoro del merletto di Burano, è la divisione dei compiti fra più lavoranti. Ognuna infatti si specializzava in alcuni punti in modo da essere più veloce e più brava: per essere completato, uno stesso lavoro passava quindi per almeno 7 mani differenti. Nel 1970 la scuola venne chiusa e la produzione continuò solo in forma privata. Nella stessa sede però nel 1981 è stato aperto il Museo del Merletto in cui si possono ammirare pezzi di inestimabile valore storico e culturale. All'interno è stato allestito anche uno spazio dove delle merlettaie all'opera mostrano la complessità di questi lavori.

quality. With the fall of the Venetian Republic in the late 1700s, the city's trade suffered a major crisis and so did Burano lace. In 1872, a school of lace making was opened, with the intent of giving impetus to this skill and relieve the island's terrible economic conditions. It was thanks to the teaching of the elderly lace maker Vincenza Memo, known as Cencia Scarpaiola, that the old tradition was rediscovered. In addition to teaching the skill, the school sold the lace and was thus able to pay the girls. It is a typical feature of Burano lace that the tasks are shared out amongst the workers. Each artisan specializes in various stitches so as to be faster and more skilled, with seven pairs of hands working to finish any one job. In 1970 the school was closed and production continued only privately. In 1981 the old school was repurposed as a lace museum that displays pieces of inestimable historical and cultural significance. The museum also hosts a space where the lace makers can demonstrate the complexity of their work.

Biscotti di Mirco

Mirco's cookies

■ ■ ☐

Ingredienti
- 300 g di farina tipo 00
- 160 g di burro
- 100 g di zucchero
- 1 uovo intero
- 150 g di cioccolato bianco
- 80 g di gherigli di noci
- 1 bustina di lievito per dolci
- sale

Ingredients
- 300g (2½ cups) white all-purpose flour
- 160g (⅔ cup) of butter
- 100g (1 cup) of sugar
- 1 whole egg
- 150g (4 oz) of white chocolate
- 80g (3 oz) of shelled walnuts
- 16g sachet (½ oz) of cake yeast
- salt

In una terrina, o in una impastatrice, lavorare il burro e lo zucchero.

Quando l'impasto risulterà omogeneo e meno granuloso incorporare l'uovo sbattuto. Unire a questo punto la farina setacciata, il sale e il lievito. Mescolare il tutto e alla fine aggiungere il cioccolato bianco spezzettato e le noci sminuzzate.

Mentre il forno si sta scaldando formare delle palline del diametro di circa 2-3 cm e adagiarle su una placca da forno.

Infornare a 180 °C per 10-12 minuti circa. La superficie del biscotto deve risultare ben dorata.

In a bowl or in a blender, work the butter and sugar.

When the dough is smooth and less grainy, add the beaten egg. At this point add the sifted flour, salt and baking powder. Mix all the ingredients and add, last of all, the chopped white chocolate and walnuts.

While the oven is heating up, form balls of 2-3 cm (1 inch) in diameter and arrange on baking tray.

Bake at 180 °C (355 °F) for 10-12 minutes. The surface of the cookies should be nicely golden.

Galani
Galani

■ ■ ◻

Ingredienti
- *300 g di farina*
- *60 g di zucchero semolato*
- *2 uova*
- *60 g di burro*
- *un bicchiere di grappa*
- *½ bicchiere di latte*
- *olio di semi (o strutto) per friggere*
- *50 g di zucchero a velo*
- *sale*

Ingredients
- *300g (2¼ cups) of flour*
- *60g (½ cup) of granulated sugar*
- *2 eggs*
- *60g (3 tbsps) of butter*
- *a glass of grappa*
- *½ a glass of milk*
- *vegetable oil (or lard) for frying*
- *50g (½ cup) of icing sugar*
- *salt*

Sciogliere il burro in un pentolino.

Disporre la farina a fontana e nel mezzo versare le uova, il burro sciolto, lo zucchero semolato, il latte, il bicchierino di grappa, un pizzico di sale e lavorare l'insieme fino a ottenere un impasto compatto e liscio.

Formare una palla e lasciarla riposare per 15 minuti coperta da un canovaccio o avvolta nella pellicola trasparente.

Quindi tirare la pasta in sfoglie sottili dello spessore di circa 1,5 mm. Con una rondella dentellata tagliarla a forma di rombi praticando due incisioni al centro.

In una larga padella dai bordi alti scaldare abbondante olio e quando sarà ben caldo immergere un paio di rombi di pasta alla volta fino a che risulteranno dorati e avranno formato in superficie alcune bollicine. Estrarli con una schiumarola, sgocciolarli e sistemarli su un foglio di carta da cucina per assorbire l'olio in eccesso.

Disporli poi su un piatto da portata e spolverare con lo zucchero a velo.

Melt the butter in a small saucepan.

Make a well of flour and pour in the eggs, melted butter, granulated sugar, milk, small glass of grappa, a pinch of salt, and work together until the dough is smooth and compact.

Form a ball and leave to rest for 15 minutes covered with a cloth or wrapped in kitchen film.

Then roll the dough out into sheets as thin as possible. Using a serrated wheel cut diamond shapes and make two incisions in the centre.

In a wide, tall skillet heat plenty of oil and when it is very hot, immerse two dough diamonds at a time, frying until golden and bubbles form on the surface. Remove with a skimmer, drain and place on kitchen roll to remove excess grease.

Arrange on a serving dish and sprinkle with icing sugar.

Meringa all'italiana

Italian-style meringue

■ ■ ■

Ingredienti
Per il pan di Spagna:
- *5 uova*
- *150 g di farina*
- *150 g di zucchero*
- *1 bustina di vaniglia*

Per la crema chantilly:
- *½ l di latte*
- *100 g di zucchero*
- *3 rossi d'uovo*
- *80 g di farina*
- *la buccia di mezzo limone*
- *500 ml di panna*

Per la meringa:
- *700 g di zucchero*
- *400 g di albume*

Pan di Spagna

Dividere le uova. I rossi vanno sbattuti bene, utilizzando una frusta, assieme allo zucchero e alla vaniglia. I bianchi vanno montati a neve. Unire i due composti in maniera molto delicata onde evitare che i bianchi smontino e per ultima unire la farina setacciata.

Mettere in forno preriscaldato a 140 °C per 30-40 minuti in una teglia imburrata e infarinata o utilizzando la carta forno.

Crema chantilly

Sbattere i rossi d'uovo con lo zucchero e poi con la farina, con una frusta o frustino elettrico.

A parte far bollire il latte con la buccia del limone e versarlo a poco a poco sui rossi, mescolando bene. Rimettere il tutto sul fuoco e far bollire a calore moderato per 4-6 minuti.

Versare in un altro recipiente, disporvi un foglio di carta oleata o un canovaccio bagnato e lasciar raffreddare. Una volta freddo, montare la panna e unirla alla crema.

Sponge cake

Separate the eggs. The yolks must be whisked well with the sugar and vanilla. The whites should be whisked to peaks. Mix the two gently to avoid deflating the whites; lastly add the sifted flour.

Place in the oven preheated to 140 °C (285 °F) for 30-40 minutes, in a greased, floured tin or on baking paper.

Chantilly cream

Beat the egg yolks with sugar and flour, using a hand or electric whisk.

Boil the milk with the lemon peel and little by little add the yolks, mixing well. Return everything to the heat and boil at moderate heat for 4-6 minutes.

Pour into another container, cover with greaseproof paper or a wet cloth, and leave to cool. When cool, whip the fresh cream and add.

Ingredients
For the sponge cake:
- *5 eggs*
- *150g (1¼ cups) of flour*
- *150g (1½ cup) of sugar*
- *1 sachet of vanillin*

For the Chantilly cream:
- *½ l (1 pint) of milk*
- *100 g (1 cup) sugar*
- *3 egg yolks*
- *80g (¾ cup) of flour*
- *peel of half a lemon*
- *500 ml (1 pint) of cream*

For the meringue:
- *700g (7 cups) of sugar*
- *400g (14 oz) egg whites*

<<<

Meringa
Sbattere gli albumi con un frustino elettrico per alcuni minuti, poi versare lo zucchero e continuare a mescolare fino a ottenere una consistenza ottimale.

Montaggio della torta
Tagliare il pan di Spagna in 3 dischi e bagnare ogni disco con del latte caldo e del Baileys. Intervallare ai dischi la crema chantilly. Alla fine mettere la meringa sopra la torta e fiammare.

<<<

Meringue
Whisk the egg whites with an electric whisk for a few minutes, then pour in the sugar and continue to mix to obtain the best texture.

Assembling the cake
Cut the sponge into 3 discs and wet each disk with hot milk and Bailey's Irish Cream. Layer the discs with the Chantilly cream. Top the cake with the meringue and flambé.

Tiramisù
Tiramisu

■ ■ ▢

Ingredienti
- 5 uova intere
- 250 g di zucchero
- 500 g di mascarpone
- 1 cucchiaino di marsala
- biscotti savoiardi
- 6 tazzine di caffè
- cacao amaro in polvere
- sale
- stampo rettangolare

Ingredients
- 5 whole eggs
- 250g (2½ cups) of sugar
- 500g (18 oz) of mascarpone
- 1 teaspoon of Marsala
- sponge fingers
- 6 cups of espresso coffee
- unsweetened cocoa powder
- salt
- quare mould

Preparare il caffè e versarlo in un piatto fondo. Aggiungervi 2 cucchiai di zucchero mentre è ancora caldo e un cucchiaino di marsala.

In una terrina mescolare, con l'aiuto di uno sbattitore, lo zucchero con il tuorlo delle uova. Quando risulterà ben cremoso aggiungere un po' per volta il mascarpone, fino a ottenere una crema omogenea.

In una terrina montare gli albumi. Per montarli perfettamente a neve aggiungere prima un pizzico di sale. Quando, agitando la terrina, il contenuto non si muove e rimane ben compatto, unirlo delicatamente alla crema di mascarpone.

Preparare lo stampo e foderare il fondo con i savoiardi imbevuti nel caffè. Fare attenzione perché i biscotti, se bagnati troppo, si rompono, se troppo poco, rimangono croccanti. Versarvi sopra la crema formando uno spessore di un centimetro scarso. Procedere con il secondo strato di savoiardi posizionandoli nel senso opposto al primo e terminare con la crema. Fare riposare per qualche ora in frigorifero.

Prima di servire spolverare sopra un po' di cacao aiutandosi con un setaccio.

Prepare the coffee and pour into a bowl. Add 2 tablespoons of sugar while it is still warm, and a teaspoon of Marsala.

Use an electric whisk to mix the sugar and egg yolk in a bowl. When the mixture is very creamy, add the mascarpone a little at a time, to obtain a smooth cream.

Whip the egg whites in a bowl. To whisk into perfect peaks, add a pinch of salt. When the contents are compact and do not move when the bowl is shaken, gently add the mascarpone cream.

Prepare the mould and line the bottom with the sponge fingers soaked in coffee. Take care not to soak too much or the sponge fingers will disintegrate; if they are not soaked enough, they will stay crunchy. Pour a layer of cream of about 1 centimetre (¼ inch). Add a second layer of sponge fingers, placing them at right angles to the first layer, and finish with the cream. Leave to cool in a refrigerator for a few hours.

Sieve a little cocoa on the surface before serving.

Crema di zucca con le giuggiole
Cream of pumpkin with jujubes

Ingredienti per 4 persone
- 400 g di polpa di zucca
- 24 giuggiole
- 400 ml di latte
- 160 g di zucchero
- 1 stecca di vaniglia
- 4 tranci di pasta sfoglia

Serves 4
- 400g (14 oz) pumpkin flesh
- 24 jujubes
- 400ml (14 fl. oz) milk
- 160g (¾ cup) of sugar
- 1 vanilla pod
- 4 slabs of puff pastry

In una casseruola versare il latte, lo zucchero (i 160 g meno 3 cucchiai che vanno messi da parte), la vaniglia e la zucca. Portare a ebollizione e continuare a cuocere finché la zucca non risulti tenera.

A cottura ultimata togliere la stecca di vaniglia e frullare bene fino a ottenere una crema liscia.

In una pentola versare lo zucchero messo da parte e far caramellare le giuggiole.

Versare la crema in 4 ciotole, dividere le giuggiole e guarnire con un trancio di pasta sfoglia croccante.

Pour the milk, sugar (keep aside 3 tablespoons), vanilla, and pumpkin into a saucepan. Bring to the boil and continue to cook until the pumpkin is tender.

When cooked, remove the vanilla pod and blend well to make a smooth cream.

Pour the 3 tablespoons of sugar into a pan and caramelize the jujubes.

Pour the cream into 4 bowls, divide the jujubes and garnish with a slice of crisp puff pastry.

Torta di mele
Apple cake

■ ■ ▢

Ingredienti

- 35 g di farina
- 35 g di fecola di patate
- 160 g di zucchero
- 1 stecca di vaniglia
(o una bustina di vanillina)
- 2 tuorli
- 1 uovo intero
- 500 ml di latte
- 2 mele
- succo di limone
- 2 cucchiai di zucchero
- 1 foglio di pasta sfoglia

Ingredients

- 35g (¼ cup) of flour
- 35g (¼ cup) of potato starch
- 160g (¾ cup) of sugar
- 1 vanilla pod (or a sachet
of vanillin)
- 2 egg yolks
- 1 whole egg
- 500 ml (1 pint) of milk
- 2 apples
- juice of half a lemon
- 2 tbsps of sugar
- 1 slab of puff pastry

Preparazione della crema pasticciera

In una ciotola versare la farina, la fecola di patate, lo zucchero e la stecca di vaniglia o la vanillina. Aggiungere le uova e mescolare bene con l'aiuto di una frusta elettrica versando un po' per volta il latte. Quando il liquido risulta omogeneo e senza grumi versare il tutto in una pentola e continuando a mescolare portare a ebollizione finché il liquido non si sarà addensato. Spegnere il fuoco e lasciare raffreddare.

Preparazione delle mele

Sbucciare e affettare le mele, adagiarle in una ciotola versandovi 2 cucchiai di zucchero e il succo di limone.

Preparazione della torta

Prendere il foglio di pasta sfoglia e tirarlo con l'aiuto di un mattarello, stando attenti a creare uno spessore omogeneo. Foderare lo stampo della torta con la pasta sfoglia, avendo cura di mettere da parte la pasta che avanza per la copertura. Versare la crema pasticciera fino a ⅔ dell'altezza della pasta, quindi sistemare in modo omogeneo le fettine di mela. Sistemare sopra le strisce di pasta sfoglia in modo ordinato quindi infornare in forno già caldo a 180 °C per 40 minuti circa.

How to make confectioner's custard

For convenience, use a bowl to hold the flour, potato starch, sugar, and vanillin pod or powder. Add the eggs and mix well with the help of an electric whisk, pouring in a little milk at a time. When the liquid is smooth and without lumps, pour into a saucepan and bring to the boil, stirring constantly until it thickens. Turn off the heat and leave to cool.

How to prepare the apples

Peel and slice the apples, lay them in a bowl and cover with 2 tablespoons of sugar and the lemon juice.

How to prepare the cake

Take the sheet of puff pastry and roll out with a rolling pin, ensuring it is the same thickness all over. Line the cake tin with the pastry and set aside enough dough to cover the cake. Pour the custard up to ⅔ of the height of the dough and then arrange the slices of apple evenly on top. Arrange pastry strips on top and then bake in an oven preheated to 180 °C (365° F) for about 40 minutes.

Crema agli amaretti
Amaretto cream

■ ☐ ☐

Ingredienti per 4 persone
- *4 tuorli d'uovo*
- *5 cucchiai di zucchero*
- *1 bicchiere di marsala secco*
- *100 g di amaretti*

Serves 4
- *4 egg yolks*
- *5 tbsps of sugar*
- *1 glass of dry Marsala*
- *100g (3½ oz) of amaretto cookies*

In una terrina versare i tuorli e lo zucchero e con uno sbattitore mescolarli fino a ottenere una crema omogenea. Quando l'impasto raggiunge una buona montatura aggiungere il marsala continuando a sbattere il composto.

Sbriciolare degli amaretti in 4 ciotole e, quando la crema è pronta, versarla nelle ciotole.

Guarnire ogni ciotola con 4-5 amaretti e conservare in frigo fino al momento di servire.

Pour the egg yolks and sugar into a bowl and with a blender mix to obtain a smooth cream. When the mixture is firm, add the Marsala and continue to whisk.

Crumble the amaretto cookies into 4 bowls and when the cream is ready, pour it in.

Garnish each bowl with 4-5 amarettos and store in a refrigerator until ready to serve.

Zaleti
Zaleti

■ ■ ▢

Ingredienti
- 350 g di farina gialla di mais
- 200 g di farina tipo 00
- 2 uova intere
- 100 g di burro
- 150 g di zucchero
- 4 g di lievito di birra
- uvetta a piacere
- vanillina
- sale

Ingredients
- 350g (2½ cups) of yellow cornmeal
- 200g (1½ cups) of all-purpose white flour
- 2 whole eggs
- 100g (½ cup) of butter
- 150g (¾ cup) of sugar
- 4g (3 pinches) of dry yeast
- raisins to taste
- vanillin
- salt

In una terrina mettere il burro, il sale, la vanillina e lo zucchero e lavorare bene il tutto fino a ottenere un composto morbido e piuttosto bianco.

Unire una alla volta le uova, sempre continuando a mescolare.

Unire le due farine setacciate e il lievito. Amalgamare il tutto molto bene e per ultimo mettere le uvette.

Con la pasta formare delle palline della dimensione di una noce, schiacciarle un po' e, tirandole, dare una forma a losanga. Infornarle per 20-25 minuti alla temperatura di 145° C. Quando sono ben dorate tirare fuori dal forno e lasciare raffreddare.

Curiosità
Gli Zaleti ("gialletti" in veneziano) si chiamano così a causa del loro colore giallo dato dalla farina di mais.

Put the butter, salt, vanilla, and sugar in a bowl and work well until the mixture is smooth and very white.

Add the eggs one at a time, stirring constantly.

Combine the two sifted flours and the dry yeast. Mix everything well and then add the raisins.

Form dough balls the size of a walnut and squash slightly, then shape into a diamond outline. Bake for 20-25 minutes at 145 °C (295 °F). When golden, remove from the oven and allow to cool.

Did you know that…
"Zaleti", from the Venetian word for yellow, get their name from the golden hue of the cornmeal used.

Fritoe venessiane

Venetian fritters

■ ■ ◻

Ingredienti
- 500 g di farina
- 130 g di uvetta sultanina
- 2 uova
- 80 g di zucchero semolato
- 40 g di lievito di birra
- 2 bicchierini di grappa
- la scorza grattugiata di un limone
- un pizzico di cannella in polvere
- zucchero a velo
- sale
- olio di semi per friggere

Ingredients
- 500g (3¾ cups) of flour
- 130g (5 oz) of currants
- 2 eggs
- 80g (⅘ cup) of granulated sugar
- 40g (3 pinches) of dry yeast
- 2 small glasses of grappa
- grated lemon zest
- a pinch of ground cinnamon
- icing sugar
- salt
- vegetable oil for frying

In una tazza mettere in ammollo l'uvetta sultanina nella grappa e diluire il lievito di birra in mezzo bicchiere di acqua tiepida.

In una terrina mescolare la farina, le uova, il latte, lo zucchero semolato, la scorza di limone grattugiata, un pizzico di cannella e un po' di sale. Mescolare bene il tutto, poi unire il lievito di birra sciolto e l'uvetta sultanina con la grappa. Coprire la terrina con un canovaccio e lasciar lievitare l'impasto finché il suo volume non sarà raddoppiato.

In una padella dai bordi alti far scaldare bene abbondante olio per friggere, poi versare l'impasto a cucchiaiate, distanziate fra loro in modo che le frittelle non si attacchino. Lasciar friggere da un lato, poi rivoltarle fino a che diventino di color nocciola. Toglierle con una schiumarola e farle sgocciolare su carta assorbente.

Spolverare con zucchero a velo e servire.

Soak the currants in a glass of grappa and dilute the dry yeast in half a glass of warm water.

In a bowl mix the flour, eggs, milk, granulated sugar, grated lemon zest, a pinch of cinnamon and one of salt. Mix well, then add the dissolved yeast and the currants with grappa. Cover the bowl with a teacloth and leave the dough to rise until it doubles its volume.

In a wide, tall skillet heat plenty of oil and when it is very hot, then pour spoons of the mixture into the oil, leaving plenty of room between them so the fritters do not stick. Fry on one side then turn and fry on the other until they turn a hazelnut colour. Remove with a skimmer and drain on kitchen roll.

Sprinkle with icing sugar and serve.

Sgroppino
Lemon, vodka and prosecco sorbet

■ ▢ ▢

Ingredienti per 4 persone
- *3 cucchiai di panna liquida*
- *150 ml di prosecco*
- *50 ml di vodka*
- *4 cucchiai di gelato al limone*

Serves 4
- *3 tbsps of pouring cream*
- *150ml (10 tbsps) of prosecco*
- *50ml (3 tbsps) of vodka*
- *4 tbsps of lemon ice cream*

Mettere la panna liquida, il prosecco e la vodka nel congelatore mezz'ora prima di cominciare la preparazione.

In un contenitore dai bordi alti sbattere il gelato al limone, la panna liquida e il prosecco. Aggiungere infine la vodka e mescolare ancora. Quando il composto è bello spumoso versare nei bicchieri ghiacciati.

Servire immediatamente con dei dolcetti secchi.

Suggerimento
Per i bambini potete preparare uno "sgroppino vergine" sostituendo l'alcol con dell'acqua minerale.

Put the pouring cream, prosecco and vodka in the freezer half an hour before starting to prepare the sgroppino.

In a tall container beat together the lemon ice cream, pouring cream and prosecco. Add the vodka and stir again. When the mixture is frothy, pour into chilled glasses.

Serve immediately with dry patisserie.

Tip
Prepare a tee-total sgroppino for children by replacing the alcohol with mineral water.

263 Vino
Wine

Il progetto Venissa è nato dalla passione per il vino e dall'amore per il territorio, con lo scopo di recuperare un antico vitigno autoctono della Laguna di Venezia, la Dorona. Ci si può rifare al termine di Terroir, dove molti fattori, come terreno, clima, tipo di coltivazione e caratteristiche distintive, lasciano un'impronta decisiva sul gusto del vino. Il vento salato e l'acqua alta che invade i terreni concorrono a creare un prodotto unico; influenzano non solo il vino ma tutte le produzioni orticole e fruttifere della zona. Tutti i prodotti che nascono da questa terra hanno un gusto diverso, più pieno e più complesso, dovuto al fragile equilibrio fra la terra e l'acqua. I vini prodotti nella laguna portano con sé oltre a strutture aromatiche e gustative molto complesse e vive, anche un'esperienza. Un'esperienza legata al territorio, al sottile equilibrio che la natura ha in questa parte di laguna in continuo movimento. Un'esperienza legata alle vicende storiche che qui si sono susseguite, la Venezia prima di Venezia. Il cibo permette di conoscere questa zona così legata alle sue radici. I prodotti utilizzati per creare i piatti della tradizione locale rispecchiano la storia e la cultura, la vera essenza del territorio.

The Venissa project was born from a passion for wine and love of the territory, with the intention of recovering Dorona, an ancient grape native to the Venice Lagoon. Terroir, that concept of multiple factors like soil, climate, type of cultivation, is the perfect word to define all those unique features that hallmark the sensorial profile of the wine. The briny wind, the high water that floods the land, and how they combine to create a distinctive product. These factors influence not only the wine but all local fruit and vegetable crops. All the products that emerge from this soil have a different, fuller taste, made more complex by the fragile equilibrium between land and water. The wines produced in the lagoon carry extremely complex, vibrant nose and palate structures, but they are also a sensorial experience. An experience linked to the territory, to the subtle balance of nature that keeps this part of the lagoon constantly on the move. An experience related to the historical events that have unfolded here, the Venice that was before Venice was. The cuisine brings knowledge of this area so profoundly bound to its roots. The products used to make traditional dishes reflect local history and culture, the true essence of the territory.

Gianluca Bisol

Venissa

Uve: Dorona
Cantina: Terre di Venezia,
Isola di Mazzorbo

La tenuta è un classico esempio di
"vigna murata", con una parte di mura
risalenti al 1700. La superficie è di
2 ettari, di cui metà dedicati a vigneto
e l'altra metà a orto, frutteto e
peschiera. Il nome del vitigno deriva
dal colore dei suoi grappoli. Nel 2010
è stata fatta la prima vendemmia,
messa in commercio nel 2012. Il vino
è assai prezioso in quanto la produzione
per pianta è una delle minori rese
per ettaro al mondo: 1 per 10 kg.
La fermentazione e l'affinamento,
di 12 mesi, avvengono in vetro.

Colore: giallo carico dorato.
Gusto: sensazioni di camomilla e note
di mela gialla e miele con una buona
persistenza sapida e minerale.
Abbinamenti: primi piatti di pesce
come risotti e secondi di pesce come
rombo al forno e triglie.

Venissa

Grapes: *Dorona*
Winery: *Terre di Venezia,*
Island of Mazzorbo

The estate is a classic example of a
walled vineyard, a "vigna murata",
with part of the walls dating back
to the 1700s. Half of the 2 hectares
(200,000 square feet) are given over
to vines and the other half to vegetable
plots, orchards, and a fishpond.
The name of the variety, meaning
"golden", derives from the colour of its
grapes. The first harvest was in 2010
and the vintage went on sale in 2012.
The wine is precious since yield per plant
is one of the lowest per hectare (10 kg)
in the world. The wine is fermented
and aged for 12 months in the bottle.

Colour: *deep golden yellow.*
Palate profile: *nuanced with camomile*
and hints of yellow apples and honey,
with a lingering tangy mineral finish.
Pairings: *seafood starters like risottos,*
and fish main courses like baked turbot
and red mullet.

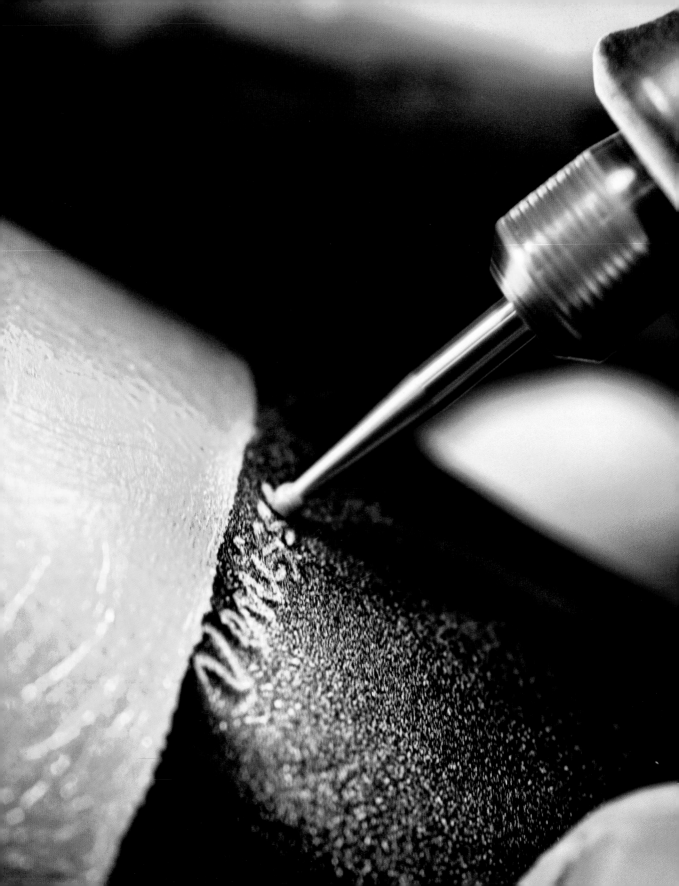

Orto

Uve: Malvasia istriana,
Vermentino, Fiano
Cantina: Orto di Venezia,
Isola di Sant'Erasmo

Nel 2003 sono stati impiantati
4,5 ettari di vigneto con vari vitigni,
tutti su piede franco perché la salinità
contenuta nel suolo fa da barriera alla
fillossera. È stato rimesso in funzione
l'antico sistema di drenaggio che
raccoglie l'acqua piovana per asportare
in sale in eccesso. Il vino Orto che
ne risulta è un bianco, vinificato in
acciaio senza nessun passaggio in legno.
Il primo anno riposa in acciaio e il
secondo in bottiglia prima di essere
commercializzato.

Colore: giallo paglierino limpido.
Gusto: sapido, molto floreale pulito
ed elegante.
Abbinamenti: pesce in generale
e, in particolare, castraure di carciofi
e baccalà.

Orto

Grapes: Malvasia istriana,
Vermentino, Fiano
Winery: Orto di Venezia,
Island of Sant'Erasmo

In 2003, 4.5 hectares (500,000 square
feet) of vineyards were planted with
different varieties, all ungrafted because
the soil's salt levels act as a barrier to
phylloxera. The ancient drainage system,
which collects rainwater to remove
excess salt, was recovered. The result
was Orto, a white wine vinified in steel
without use of oak. The first year it ages
in steel and the second in the bottle,
before going on sale.

Colour: limpid straw yellow.
Palate profile: tangy, very floral,
crisps and elegant.
Pairings: fish in general, especially
local castraure artichokes and salt cod.

Rosso Venissa

Uve: Carmenère, Merlot
Cantina: Terre di Venezia,
Isola di Mazzorbo

Le uve provengono da viti dell'età
di circa 30 anni situate sull'isola
di Santa Cristina. La vinificazione
avviene in acciaio e poi l'affinamento
in barriques di rovere francese di
secondo passaggio per un periodo
di un anno.

Colore: rosso granato carico.
Sapore: tannino presente ma molto
morbido ed equilibrato, con sentori
di pepe nero, tabacco e cuoio.
Abbinamenti: carni rosse, in
particolare con una tagliata di manzo.

Rosso Venissa

Grapes: *Carmenère, Merlot*
Winery: *Terre di Venezia,*
Island of Mazzorbo

The grapes come from vines of about
30 years in age, located on the island
of Santa Cristina. Vinification takes
place in steel, followed by aging in
second-passage French oak barriques
for a year.

Colour: *deep garnet.*
Palate profile: *tannin present but*
velvety and balanced, with aromas
of black pepper, tobacco and leather.
Pairings: *red meats, in particular*
with sliced beef.

273 Mangiare in Laguna
Eating out in the Lagoon

Venissa
Mazzorbo, Fondamenta Santa Caterina 3
tel. +39 041 5272281
info@venissa.it - www.venissa.it
Il ristorante si trova all'interno di una
"vigna murata" che, oltre all'antico
vitigno autoctono Dorona di Venezia,
ospita anche degli orti, un frutteto
e una peschiera. I prodotti sono
accuratamente selezionati e "a km
zero" in un'ottica di rivalutazione
della tradizione locale. Nel 2015
ha conquistato la sua quinta stella
Michelin. Di particolare interesse è
l'utilizzo in cucina di piante e aromi
della laguna veneziana come le piante
di barena, che un tempo venivano
largamente utilizzate anche come
rimedi per le malattie.

*The restaurant is located inside a "vigna
murata", a walled vineyard, which
produces not only the ancient Dorona di
Venezia native variety, but is also home to
vegetable plots, orchards, and a fishpond.
The products are carefully selected and
locally sourced in a mission to promote the
area's traditions. In 2015 the restaurant
won its fifth Michelin star. The recipes
are based on the use of plants and herbs
from the Venice lagoon in the recipes,
including the saltmarsh vegetation that
was once widely used to treat ailments.*

Trattoria al Gatto Nero
Burano, via Giudecca 88
tel. +39 041 730120
info@gattonero.com
www.gattonero.com
La trattoria è gestita da Ruggero Bovo,
che assieme alla moglie Lucia è ancora
oggi impegnato nella costante ricerca
dei sapori antichi della tradizione
buranella. Usano infatti solo prodotti
freschi provenienti dalle isole vicine.
La loro passione si fonda sull'amore
che hanno per il loro territorio.
Massimiliano, il figlio sommelier,
con la stessa attenzione alla tradizione
dei genitori, si occupa della scelta dei
vini.

*The trattoria is run by Ruggero Bovo
and his wife Lucia, both still engaged
in a constant search for traditional ancient
Burano flavours. Indeed, they use only
fresh products from neighbouring islands.
Their passion is rooted on their love of their
birthplace. The wine list is in the hands of
their sommelier son Massimiliano, who is
as focused on tradition as his parents.*

Rivarosa

Burano, via San Mauro 296
tel. +39 041 735850
reservations@rivarosa.it
www.rivarosa.it

Questo ristorante ed enoteca, oltre che nei sapori di queste terre, ci proietta nel mondo del merletto buranello. In un contesto molto raffinato e curato in ogni minimo dettaglio vengono proposti piatti con le stesse caratteristiche. I merletti storici appartenenti alla famiglia, qui esposti, sono valorizzati dagli arredi declinati sui toni del bianco e del beige. Da non perdere l'incantevole vista che si può godere sull'isola di Burano dall'altana.

This restaurant and wine bar offers the best flavours of the area in a restaurant that is a homage to Burano lace. In a very refined setting, where no detail is overlooked, the dishes on the menu share the same characteristics. The family's own historic lace collection is on display here, enhanced by furnishings in shades of white and beige. There a stunning view of Burano from the turret.

Trattoria da Romano

Burano, via San Martino Destra 221
tel. +39 041 730030
info@daromano.it
www.daromano.it

Il locale prende il nome dal suo fondatore, Romano Barbaro che aprì l'osteria ai primi del '900. Divenne fin da subito il punto di ritrovo di tutti gli artisti e uomini di cultura che frequentavano l'isola. A poco a poco l'osteria si è riempita di quadri. Oggi questi omaggi, raccolti nel tempo, costituiscono una preziosa collezione che si può ammirare sulle pareti mentre si degustano i piatti della tradizione.

The venue is named after its founder Romano Barbaro, who opened it in the early 1900s. It was immediately adopted as a meeting place by the artists and intellectuals who frequented the island. Soon the tavern was filled with paintings and today these gifts, amassed over time, constitute a precious collection displayed on the walls, enhancing the setting of the traditional dishes served here.

Bigoli

Si tratta di una pasta tipicamente veneta, simile a un grosso spaghetto, ma più lungo e piuttosto ruvido, così da trattenere meglio sughi e condimenti. Originariamente preparati con grano tenero, acqua e sale, si trovano anche nelle varianti con farina integrale o con l'aggiunta di uova.

Typical Venetian pasta, resembling big spaghetti but longer and quite rough, so sauces and condiments coat better. Originally made with wheat flour, water and salt, but bigoli can now also be found in variants using whole flour or with the addition of eggs.

Bisi

Piselli in dialetto veneto.
Peas in Veneto dialect.

Busara

Questa preparazione è contesa tra due tradizioni culinarie. Il termine sembra derivare dal dialetto triestino in cui significa "raggiro", "imbroglio" e da qui il passaggio di significato a "intruglio". La ricetta degli "scampi alla busara", di origine dalmata, arriva infatti a Trieste nel dopoguerra e viene completamente assimilata dalla cucina tradizionale. Anche Venezia ne rivendica l'origine poiché i territori della Dalmazia, dove si pescavano gli scampi più gustosi, erano sotto il dominio della Serenissima.

This recipe is contended by two culinary traditions. The term seems to derive from Trieste dialect and means "deception" or "fraud", and from this acquired the sense of a "concoction". The "scampi alla busara" recipe is of Dalmatian origin, actually reaching Trieste in the post-war period, and now completely assimilated by traditional cuisine. Venice also claims its origins since Dalmatian territories, where the tastiest scampi were fished, were ruled by the seafaring republic.

Giuggiola

È il frutto del giuggiolo, pianta abbastanza diffusa nel Veneto, noto anche come dattero cinese. L'impiego più conosciuto di questo frutto è nella preparazione del "brodo di giuggiole", un antico liquore, così dolce da aver dato origine al modo di dire "andare in brodo di giuggiole" quando si vuole esprimere una grande felicità.

The fruit of the jujube tree, quite widespread in Veneto, and also known as a Chinese date. The best-known use of this fruit is in the preparation of "jujube soup", an ancient liqueur so sweet that Italians say they are "in jujube soup" when they are especially happy.

Saor

Letteralmente "sapore", indica nella cucina veneziana una salsa agrodolce per il pesce. La necessità di trattare il pesce con aceto, per esaltarne le caratteristiche e allungarne la conservazione, è pratica comune in varie tradizioni culinarie. In particolare a Venezia è importante poter conservare il cibo per i lunghi viaggi in mare. Qui si arricchisce con la cipolla degli orti della laguna, utilizzata per le sue proprietà antibatteriche, e con le spezie (uvetta sultanina), di cui la cucina veneziana è ricca grazie ai suoi contatti commerciali con l'Oriente.

Literally meaning "flavour", in Venetian cuisine "saor" is a sweet and sour sauce used on fish. The need to use vinegar on fish to highlight its qualities and preserve it at length is a common practice in various culinary traditions. In particular, for Venice it was important to preserve food for long sea

journeys. In this case, the recipe is enriched with onion from the lagoon's vegetable plots, used for its antibacterial properties, and with currants used widely in Venetian cuisine thanks to the city's trade links with the Far East.

Sauté

Il termine sauté (letteralmente "saltato" in francese) indica una tecnica di cottura in cui gli ingredienti vengono fatti rosolare (saltare) in padella a fuoco vivo con pochissimi grassi (o addirittura senza). A causa delle alte temperature che raggiungono in poco tempo, intorno agli ingredienti si forma una specie di pellicola protettiva, che impedisce ai sapori e ai sali minerali di disperdersi durante la cottura.

The term "sauté" (a French word meaning "tossed") indicates a cooking technique in which the ingredients are browned (sautéed) in a skillet on a high heat, with the addition of very little or even no fat. Due to the high temperatures reached in a short time, a sort of protective film forms around the ingredients and prevents the flavours and minerals being lost during cooking.

Scalogno (Shallot)

Pianta affine alla cipolla ma con un sapore meno intenso, più aromatico. Si utilizza, proprio in sostituzione della cipolla, nella preparazione di piatti raffinati o con gusti delicati. Ha inoltre il vantaggio di essere più digeribile.

Plant related to the onion but with a less intense, more aromatic taste. It is used instead of onion in the preparation of refined dishes or with delicate flavours. Moreover, it is also easier to digest.

Sgroppino

Sorbetto alcolico al limone. Nasce sulle tavole aristocratiche come intermezzo tra menù di pesce e di carne, per preparare il palato al sapore di piatti diversi, ma oggi si consuma normalmente a fine pasto come digestivo.

This is an alcohol-based lemon sorbet. The recipe was evolved for aristocratic tables as an interlude between fish and meat dishes, to prepare the palate to taste the different recipes, but today it is usually consumed at the end of the meal as a digestif.

Sofegae

Letteralmente "soffocate" in dialetto veneziano, nella pratica culinaria questo termine sta per "stufate", cotte lentamente con il coperchio, fatte appassire.

Literally meaning "suffocated" in Venetian dialect, in cooking this term means sweated or stewed by slow cooking under a closed lid.

Spritz

Aperitivo alcolico a base di vino bianco, generalmente prosecco, e acqua gasata o seltz al quale si può aggiungere a piacere dell'Aperol, del Campari, del Select o del Cynar. Sembra il nome derivi dal fatto che, durante il dominio asburgico, i soldati austriaci allungassero con uno spruzzo d'acqua i vini del luogo per stemperarne l'elevata gradazione alcolica (dal tedesco *spritzen*, che significa "spruzzare").

An alcoholic drink made from white wine, usually prosecco, and sparkling water or soda, which can be topped up to taste with Aperol, Campari, Select or Cynar. It seems that the name derives from the fact that during Habsburg rule Austrian soldiers diluted local wines with a dash of water to offset the high alcohol content (from the German "spritzen", which means "to spray").

MOLLUSCHI (MOLLUSCS)

Canestrello (*Chlamys varia*)
Viene chiamato anche "pettine". Mollusco bivalve molto diffuso nel mar Adriatico.
Variegated scallop (*Chlamys varia*)
Also known as a "queen scallop". A bivalve widespread in the Adriatic.

Capasanta (*Pecten jacobaeus*)
Mollusco conosciuto anche con il nome di "conchiglia di San Giacomo".
Great mediterranean scallop (*Pecten jacobaeus*)
A mollusc also known as a "coquille St Jacques".

Cappalunga / Cannolicchio (*Solen marginatus*)
Mollusco bivalve. Il suo nome deriva dalla forma della conchiglia, stretta e lunga.
Razor Clam / Razor Shell (*Solen marginatus*)
Is a bivalve whose name derives from its long, narrow shell.

Garusolo (*Haustellum brandaris*)
Il nome ufficiale è "murice". Mollusco da cui nell'antichità si estraeva la porpora.
Garusolo (*Haustellum brandaris*)
Is officially called a purple dye murex. The mollusc that was used for extracting dye in antiquity.

Moscardino (*Eledone moschata*)
Mollusco simile al polpo.
Musky Octopus (*Eledone moschata*)
Is a mollusc similar to octopus.

CROSTACEI (CRUSTACEANS)

Canocchia (*Squilla mantis*)
Conosciuta anche come "pannocchia di mare", è un crostaceo con la corazza bianco-grigiastra con riflessi rosati e due caratteristiche macchie ovali bruno-violacee sulla coda simili a occhi.
Mantis Shrimp (*Squilla mantis*)
A crustacean with a greyish-white shell with a pinkish tinge and two reddish-purple oval spots, similar to eyes, on its tail.

Granseola (*Maja squinado*)
È un crostaceo simile al granchio, ma con zampe molto più lunghe. Il nome deriva dall'unione delle parole in dialetto veneto "granso" (granchio) e "seola" (cipolla).
Spider Crab (*Maja squinado*) *a crustacean that resembles a crab but with much longer legs. The name derives from the combination of the Venetian dialect words "granso" (crab) and "seola" (onion).*

Schia (*Palaemon adspersus*)
Gamberetto di laguna.
Baltic Shrimp (*Palaemon adspersus*)
Is a lagoon shrimp.

282 Indice delle ricette

Crediti fotografici *Photographs:*

Tutte le immagini del libro sono di **Laurent Grandadam** a eccezione di:
All images were taken by **Laurent Grandadam** except for:

Guido Baviera p. 132, p. 135, p.176-177, p. 198-199, p. 224, p. 229
Alan Benson p. 225
Stefano Brozzi p. 7, p. 239
Matteo Carassale p. 47, p. 79, p. 205. p. 258-259
Franco Cogoli p. 94-95
Luca Da Ros p. 6
Colin Dutton p. 38-39, p. 271, p. 281
Olimpio Fantuz p. 8-9, p. 188-189, p. 204
Roberto Gerometta p. 24-25
Johanna Huber p. 48, p. 49, p. 106, p. 184, p. 185, p. 248
Veronique Leplat p. 107
Joe Murador p. 133
Aldo Pavan p. 80-81, p. 240-241
Arcangelo Piai p. 267
Sandra Raccanello p. 85
Maurizio Rellini p. 140-141
Stefano Renier p. 232, p. 257
Sandro Santioli p. 226, p. 235
Stefano Scatà p. 167, p. 210
Giovanni Simeone Cover, p. 2-3
Paolo Spigariol p. 265, p. 266, p. 269
Stefano Torrione p. 254-255

Le foto sono disponibili sul sito
Images are available at **www.simephoto.com**

© SIME BOOKS
Sime srl
Viale Italia 34/E
31020 San Vendemiano (TV) - Italy
www.sime-books.com

Testi e ricette a cura di
Cinzia Armanini
Coordinamento editoriale
Alberta Magris
Redazione
William Dello Russo
Traduzione
Angela Arnone
Photoeditor
Giovanni Simeone
Grafica
WHAT! Design
Impaginazione
Jenny Biffis
Prestampa
Fabio Mascanzoni

II Ristampa Giugno 2016
ISBN 978-88-95218-42-7